Es war einmal im Norden

Es war einmal im Norden

Illustriert von Ruben Hilgert

Norddeutsche Märchen und Sagen für Kinder

CARL SCHÜNEMANN VERLAG

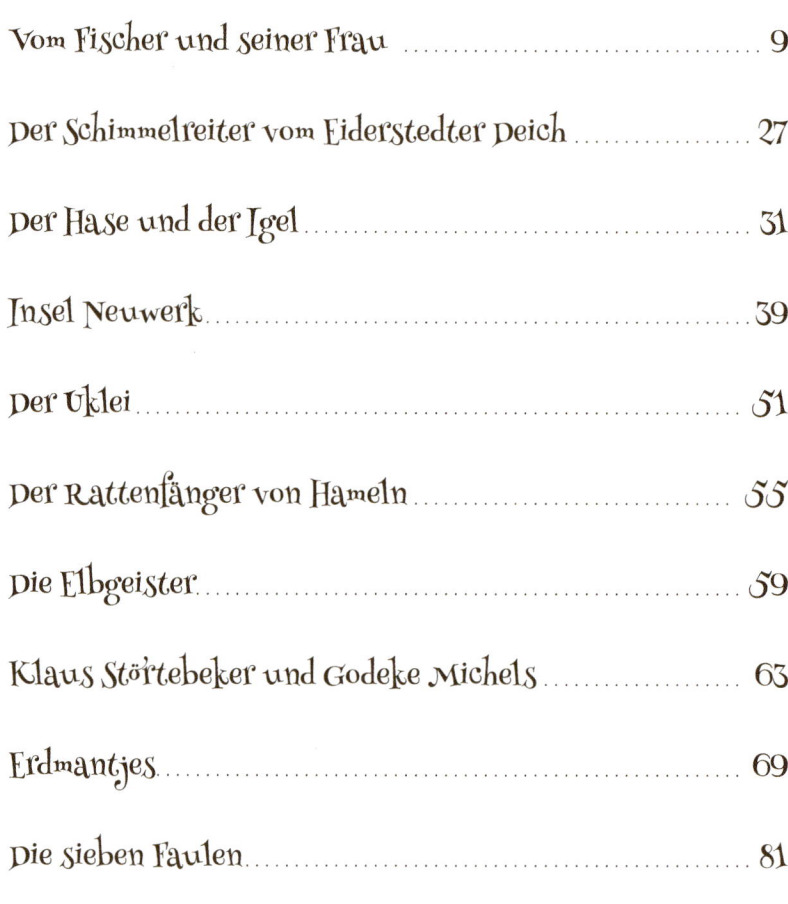

Vom Fischer und seiner Frau

Es waren einmal ein Fischer und seine Frau, die wohnten zusammen in einem alten Pott dicht an der See. Und der Fischer ging jeden Tag hin und angelte. So saß er mit seiner Angel und schaute immer in das klare Wasser, und er saß und saß.

Plötzlich ging die Angel auf den Grund, ganz tief hinab, und als er sie heraufholte, zog er einen großen Butt heraus. Da sagte der Butt zu ihm: »Hör zu, Fischer, ich bitte dich, lass mich leben. Ich bin kein richtiger Butt, ich bin ein verwunschener Prinz. Was hilft es dir, wenn du mich tötest? Ich würde dir doch nicht recht schmecken. Setz mich wieder ins Wasser und lass mich schwimmen!«

»Nun«, sagte der Mann, »du brauchst nicht so viele Worte zu machen, einen Butt, der sprechen kann, werde ich schwimmen lassen.« Damit setzte er ihn wieder in das klare Wasser, und der Butt schwamm zum Grund hinab. Der Fischer aber stand auf und ging zu seiner Frau in den alten Pott.

»Mann«, sagte die Frau, »hast du heute nichts gefangen?«

»Nein«, sagte der Mann, »ich habe einen Butt gefangen, der sagte, er sei ein verwunschener Prinz, da habe ich ihn wieder schwimmen lassen.«

»Hast du dir denn nichts gewünscht?«, fragte die Frau.

»Nein«, sagte der Mann, »was sollte ich mir denn wünschen?«

»Ach«, sagte die Frau, »es ist doch übel, hier immer in dem alten Pott zu wohnen, der stinkt und so eklig ist. Du hättest uns doch eine kleine Hütte wünschen können. Geh noch einmal hin, rufe den Butt und sage ihm, wir wollen eine kleine Hütte haben. Er tut das bestimmt.«

»Ach«, sagte der Mann, »was soll ich da noch mal hingehen?«

»I wo«, sagte die Frau, »du hast ihn doch gefangen und dann wieder schwimmen lassen, er tut das gewiss. Geh nur gleich hin!«

Der Mann wollte nicht so recht; aber er wollte seiner Frau auch nicht widersprechen, und so ging er zurück an die See. Als er ankam, war die See ganz grün und gelb und gar nicht mehr so klar. Da stellte er sich hin und rief:

>>Manntje, Manntje, Timpe Te,
Buttje, Buttje in der See,
meine Frau, die Ilsebill,
will nicht so, wie ich wohl will.<<

Da kam der Butt angeschwommen und sagte: >>Na, was will sie denn?<<

>>Ach<<, sagte der Mann, >>ich hatte dich doch gefangen. Nun sagt meine Frau, ich hätte mir etwas wünschen sollen. Sie mag nicht mehr in dem alten Pott wohnen, sie möchte gerne eine Hütte.<<

>>Geh nur heim<<, sagte der Butt, >>sie hat sie schon.<<

Da ging der Mann heim, und seine Frau saß nicht mehr in dem alten Pott, sondern es stand nun eine kleine Hütte da, und seine Frau saß vor der Tür auf einer Bank. Da nahm ihn seine Frau bei der Hand und sagte zu ihm: >>Komm nur herein. Siehst du, nun ist es doch viel besser.<<

Da gingen sie hinein, und in der Hütte waren ein kleiner Vorraum und eine kleine hübsche Stube und eine Kammer, wo für jeden ein Bett stand. Küche und Speisekammer und ein Geräteschuppen waren auch da, und alles war auf das Schönste und Beste eingerichtet mit Sachen aus Zinn und Messing, wie es sich so gehört. Und hinter der Hütte, da war auch ein kleiner Hof mit Hühnern und Enten und ein kleiner Garten mit Gemüse und Obst.

»Siehst du«, sagte die Frau, »ist das nicht nett?«

»Ja«, sagte der Mann, »so soll es bleiben; nun wollen wir recht vergnügt leben.«

»Das wollen wir überdenken«, sagte die Frau. Und dann aßen sie etwas und gingen zu Bett.

So ging es wohl acht oder vierzehn Tage, da sagte die Frau: »Hör, Mann, die Hütte ist auch gar zu eng, und der Hof und der Garten sind so klein. Der Butt hätte uns auch ein größeres Haus schenken können. Ich möchte in einem großen Schloss aus Stein wohnen. Geh hin zum Butt, er soll uns ein Schloss schenken!«

»Ach, Frau«, sagte der Mann, »die Hütte ist doch gut genug, was sollen wir in einem Schloss wohnen?«

»I wo«, sagte die Frau, »geh du nur hin, der Butt kann das wohl machen.«

»Nein, Frau«, sagte der Mann, »der Butt hat uns erst die Hütte gegeben. Ich mag nun nicht schon wieder fragen, das könnte den Butt verärgern.«

»Geh trotzdem!«, sagte die Frau. »Er kann das recht gut und tut das gern, geh nur hin!«

Dem Mann war das Herz so schwer, und er wollte nicht. Er sagte zu sich selbst: Das ist nicht recht, er ging aber doch hin.

Als er an die See kam, war das Wasser ganz violett und dunkelblau und grau und dick und gar nicht mehr so grün und gelb, doch war es noch still. Da stellte er sich hin und rief:

>»Manntje, Manntje, Timpe Te,
>
>Buttje, Buttje in der See,
>
>meine Frau, die Ilsebill,
>
>will nicht so, wie ich wohl will.«

»Na, was will sie denn?«, fragte der Butt.

»Ach«, sagte der Mann halb bekümmert, »sie will in einem großen Schloss wohnen.«

»Geh nur heim, sie steht schon vor der Tür«, sagte der Butt.

Als der Mann zu Hause ankam, stand da nun ein großer steinerner Palast, und seine Frau stand auf der Treppe und wollte hineingehen. Da nahm sie ihn bei der Hand und sagte: »Komm nur herein!« Darauf ging er mit ihr hinein, und in dem Schloss war eine große Diele mit marmornem Boden, und da waren so viele Bedienstete, die rissen die großen Türen auf, und die Wände glänzten von schönen Tapeten, und in den Zimmern waren lauter goldene Stühle und Tische, und kristallene Kronleuchter hingen an der Decke, und in allen Stuben und Kammern lagen Teppiche. Und das Essen und der allerbeste Wein standen auf den Tischen. Und hinter dem Schloss war auch ein großer Hof mit Pferde- und Kuhstall und mit einem Kutschwagen, und da war auch noch ein großer, prächtiger Garten mit den schönsten Blumen und feinen Obstbäumen und ein Lustwäldchen, wohl einen halben Kilometer lang, darin waren Hirsche und Rehe und Hasen, alles, was man sich nur wünschen mag.

»Na«, sagte die Frau, »ist das nun nicht schön?«

»Ach ja«, sagte der Mann, »so soll es auch bleiben, nun wollen wir in dem schönen Schloss wohnen und wollen zufrieden sein.«

»Das wollen wir bedenken«, sagte die Frau, »und wollen darüber schlafen.« Und damit gingen sie zu Bett.

Am anderen Morgen wachte die Frau als Erste auf, und sie sah aus ihrem Bett das herrliche Land vor sich liegen. Der Mann reckte sich noch, da stieß sie ihn mit dem Ellenbogen in die Seite und sagte: »Mann, steh auf und guck mal aus dem Fenster! Sieh, könnten wir nicht Könige werden über all das Land? Geh zum Butt, wir wollen Könige sein.«

»Ach, Frau«, sagte der Mann, »was sollen wir Könige sein! Ich mag nicht König sein.«

»Na«, sagte die Frau, »willst du nicht König sein, so will ich Königin sein. Geh zum Butt, ich will Königin sein.«

»Ach, Frau«, sagte der Mann, »was willst du Königin sein? Das mag ich ihm nicht sagen.«

»Warum nicht?«, sagte die Frau. »Geh gleich zu ihm, ich muss Königin sein.«

Da ging der Mann hin und war ganz bekümmert, dass seine Frau Königin werden wollte. Das ist nicht recht, dachte der Mann. Er wollte gar nicht hingehen, ging aber doch.

Und als er an die See kam, da war die See ganz schwarzgrau, und das Wasser gärte von unten herauf und roch ganz faul. Da stellte er sich hin und rief:

>> Manntje, Manntje, Timpe Te,

Buttje, Buttje in der See,

meine Frau, die Ilsebill,

will nicht so, wie ich wohl will.<<

>> Na, was will sie denn?<<, fragte der Butt.

>> Ach<<, sagte der Mann, >>sie will Königin werden.<<

>> Geh nur heim, sie ist es schon<<, sagte der Butt.

Da ging der Mann hin, und als er zum Palast kam, da war das Schloss viel größer geworden und hatte einen großen Turm und herrlichen Zierrat daran. Die Wachen standen vor dem Tor, und da waren viele Soldaten und Pauken und Trompeten.

Und als er in das Haus kam, da war alles von purem Marmor mit Gold und samtenen Decken und großen goldenen Quasten. Da gingen die Türen des Saales auf, in dem der ganze Hofstaat war, und seine Frau saß auf einem hohen Thron aus Gold und Diamanten. Sie hatte eine goldene Krone auf und ein Zepter aus purem Gold und Edelstein, und auf jeder Seite von ihr standen sechs Zofen in einer Reihe, eine immer einen Kopf kleiner als die andere.

Da stellte er sich hin und sagte: »Ach, Frau, bist du nun Königin?«

»Ja«, sagte die Frau, »nun bin ich Königin.«

Da stand er da und sah sie an, und als er sie eine Zeitlang angesehen hatte, da sagte er: »Ach, Frau, was steht es dir gut, dass du Königin bist! Nun wollen wir nichts mehr wünschen.«

»Nein, Mann«, sagte die Frau und war ganz unruhig, »mir ist schon langweilig, ich kann das nicht mehr aushalten. Geh hin zum Butt, Königin bin ich, nun muss ich Kaiserin werden.«

»Ach, Frau«, sagte der Mann, »was willst du Kaiserin werden?«

»Mann«, sagte sie, »geh zum Butt, ich will Kaiserin sein.«

»Ach, Frau«, sagte der Mann, »Kaiser kann er nicht machen, ich mag dem Butt das nicht sagen. Kaiser ist nur einer im Reich. Kaiser kann der Butt ja nicht machen, das kann er nicht.«

»Was?«, sagte die Frau. »Ich bin Königin, und du bist bloß mein Mann. Sofort gehst du hin. Kann er Könige machen, kann er auch Kaiser machen. Ich will und will Kaiserin sein, geh gleich hin!« Da musste er hingehen.

Als der Mann aber hinging, da war ihm ganz bang, und er dachte bei sich: Das geht nicht gut. Kaiserin ist zu unverschämt. Der Butt wird das am Ende doch leid sein. Und als er an die See kam, da war die See ganz schwarz und dick und fing an, von unten herauf zu gären, dass es Blasen gab. Und dann fegte ein Windstoß darüber hinweg, dass es nur so schäumte, und dem Manne graute. Da stellte er sich hin und rief:

»Manntje, Manntje, Timpe Te,
Buttje, Buttje in der See,
meine Frau, die Ilsebill,
will nicht so, wie ich wohl will.«

»Na, was will sie denn?«, fragte der Butt.

»Ach, Butt«, sagte er, »meine Frau will Kaiserin werden.«

»Geh nur heim«, sagte der Butt, »sie ist es schon.«

Da ging der Mann fort, und als er ankam, war das ganze Schloss aus poliertem Marmor mit Figuren aus Alabaster und goldenem Zierrat. Vor dem Tor marschierten die Soldaten, und sie bliesen Trompeten und schlugen Pauken und Trommeln.

Im Haus gingen Barone, Grafen und Herzöge als Bedienstete herum und machten ihm die goldenen Türen auf. Als er hereinkam, saß seine Frau auf einem Thron. Der war aus einem Stück Gold und wohl zwei Meter hoch. Und sie hatte eine große goldene Krone auf, die mit Brillanten und Edelsteinen besetzt war. In der einen Hand hatte sie das Zepter und in der anderen Hand den Reichsapfel, und auf beiden Seiten neben ihr, standen die Leibwächter in zwei Reihen, einer immer kleiner als der andere, von dem allergrößten Riesen, der war zwei Meter hoch, bis zu dem allerkleinsten Zwerg, der nur so groß wie ein kleiner Finger war. Und vor ihr standen viele Fürsten und Herzöge.

Da stellte sich der Mann dazwischen und sagte: »Frau, bist du nun Kaiserin?«

»Ja«, sagte sie, »ich bin Kaiserin.«

So stand er da und sah sie an. Und als er sie eine Zeitlang angesehen hatte, sagte er: »Ach, Frau, was steht es dir gut, dass du Kaiserin bist.«

»Mann«, sagte sie, »was stehst du da herum? Ich bin nun Kaiserin, nun will ich aber auch Päpstin werden, geh hin zum Butt!«

»Ach, Frau«, sagte der Mann, »was willst du denn noch? Päpstin kannst du nicht werden, Papst ist nur einer in der Christenheit, das kann er doch nicht machen.«

»Mann«, sagte sie, »ich will Päpstin werden, geh gleich zu ihm, ich muss heute noch Päpstin werden.«

»Nein, Frau«, sagte der Mann, »das mag ich ihm nicht sagen! Das geht nicht gut, das ist zu viel, zur Päpstin kann dich der Butt nicht machen.«

»Mann, was für ein Geschwätz«, sagte die Frau. »Kann er Kaiser machen, kann er auch Papst machen. Geh sofort hin! Ich bin Kaiserin, und du bist bloß mein Mann, willst du wohl hingehen?«

Da bekam er Angst und ging zur See, ihm war aber ganz flau, und seine Knie zitterten. Plötzlich fuhr ein Wind über das Land, und die Wolken flogen, dass es dunkel wurde wie am Abend, die Blätter wehten von den Bäumen, und das Wasser brauste, als ob es kochte, und die Wellen schlugen an das Ufer. Und weit draußen sah er die Schiffe, die gaben Notschüsse ab und tanzten und sprangen auf den Wellen. Der Himmel war in der Mitte noch ein bisschen blau, aber an den Seiten, zog es herauf wie ein schweres Gewitter. Da stellte er sich ganz verzagt in seiner Angst hin und sagte:

>»Manntje, Manntje, Timpe Te,

Buttje, Buttje in der See,

meine Frau, die Ilsebill,

will nicht so, wie ich wohl will.«

»Na, was will sie denn?«, fragte der Butt.

»Ach«, sagte der Mann, »sie will Päpstin werden.«

»Geh nur hin, sie ist es schon«, sagte der Butt.

Da ging er fort, und als er zu Hause ankam, war da eine große Kirche von lauter Palästen umgeben. Da drängte er sich durch das Volk. Innen

war aber alles mit Tausenden Lichtern erleuchtet, und seine Frau war in lauter Gold gekleidet und saß auf einem noch viel höheren Thron und hatte drei große goldene Kronen auf. Um sie herum standen viele vom geistlichen Stand, und auf beiden Seiten neben ihr standen zwei Reihen Lichter, das größte so dick und so groß wie der allergrößte Turm bis hinunter zum allerkleinsten Küchenlicht, und alle Kaiser und Könige lagen vor ihr auf den Knien und küssten ihr den Pantoffel.

»Frau«, sagte der Mann und sah sie so recht an, »bist du nun Päpstin?«

»Ja«, sagte sie, »ich bin Päpstin.«

Da stand er da und sah sie an, und es war, als ob er in die helle Sonne sähe. Als er sie nun eine Zeitlang angesehen hatte, sagte er: »Ach, Frau, was steht es dir gut, dass du Päpstin bist!« Sie saß aber da so steif wie ein Baum und rührte sich nicht.

Da sagte er: »Frau, nun sei auch zufrieden, jetzt wo du Päpstin bist, jetzt kannst du doch nichts anderes mehr werden.«

»Darüber will ich nachdenken«, sagte die Frau. Damit gingen sie beide zu Bett.

Der Mann schlief recht gut und fest. Er war den Tag viel gelaufen, die Frau aber konnte gar nicht einschlafen und warf sich von einer Seite auf die andere, die ganze Nacht hindurch, und dachte nur immer, was sie wohl noch werden könnte, und konnte sich doch auf nichts mehr besinnen. Schließlich wollte die Sonne aufgehen. Als die Frau das Morgenrot sah, richtete sie sich in ihrem Bett auf und sah sich die heraufkommende Sonne an und dachte: Ha, könnte ich nicht auch die Sonne und den Mond aufgehen lassen?

»Mann«, sagte sie und stieß ihn mit dem Ellenbogen in die Rippen, »wach auf, geh zum Butt, ich will werden wie der liebe Gott.« Der Mann war noch halb im Schlaf, aber er erschrak so sehr, dass er aus dem Bett fiel. Er meinte, er hätte sich verhört, rieb sich die Augen aus und fragte: »Ach, Frau, was hast du gesagt?«

»Mann«, sagte sie, »wenn ich nicht die Sonne und den Mond aufgehen lassen kann und mit ansehen muss, wie Sonne und Mond aufgehen – ich kann das nicht aushalten und habe keine ruhige Stunde mehr, dass ich sie nicht selber aufgehen lassen kann.« Da sah sie ihn

so recht grausig an, dass ihn ein Schauder überlief. »Sofort gehst du hin, ich will werden wie der liebe Gott.«

»Ach, Frau«, sagte der Mann und fiel vor ihr auf die Knie, »das kann der Butt nicht. Kaiser und Papst kann er machen, ich bitte dich, sei vernünftig und bleib Päpstin!«

Da wurde sie wütend, die Haare flogen ihr wild um den Kopf, sie riss sich das Leibchen auf und trat nach ihm mit dem Fuß und schrie: »Ich halte das nicht länger aus. Willst du wohl gleich hingehen!« Da zog er sich die Hosen an und rannte los wie ein Verrückter.

Draußen aber ging ein Sturm los und brauste, dass er kaum noch auf seinen Füßen stehen konnte. Die Häuser und die Bäume wurden umgeweht, die Berge bebten, und die Felsbrocken rollten in die See, und der Himmel war pechschwarz, und es donnerte und blitzte, und die See rollte in hohen schwarzen Wogen dahin, so hoch wie Kirchtürme und Berge, und mit weißen Krone aus Schaum. Da schrie er und konnte sein eigenes Wort nicht hören:

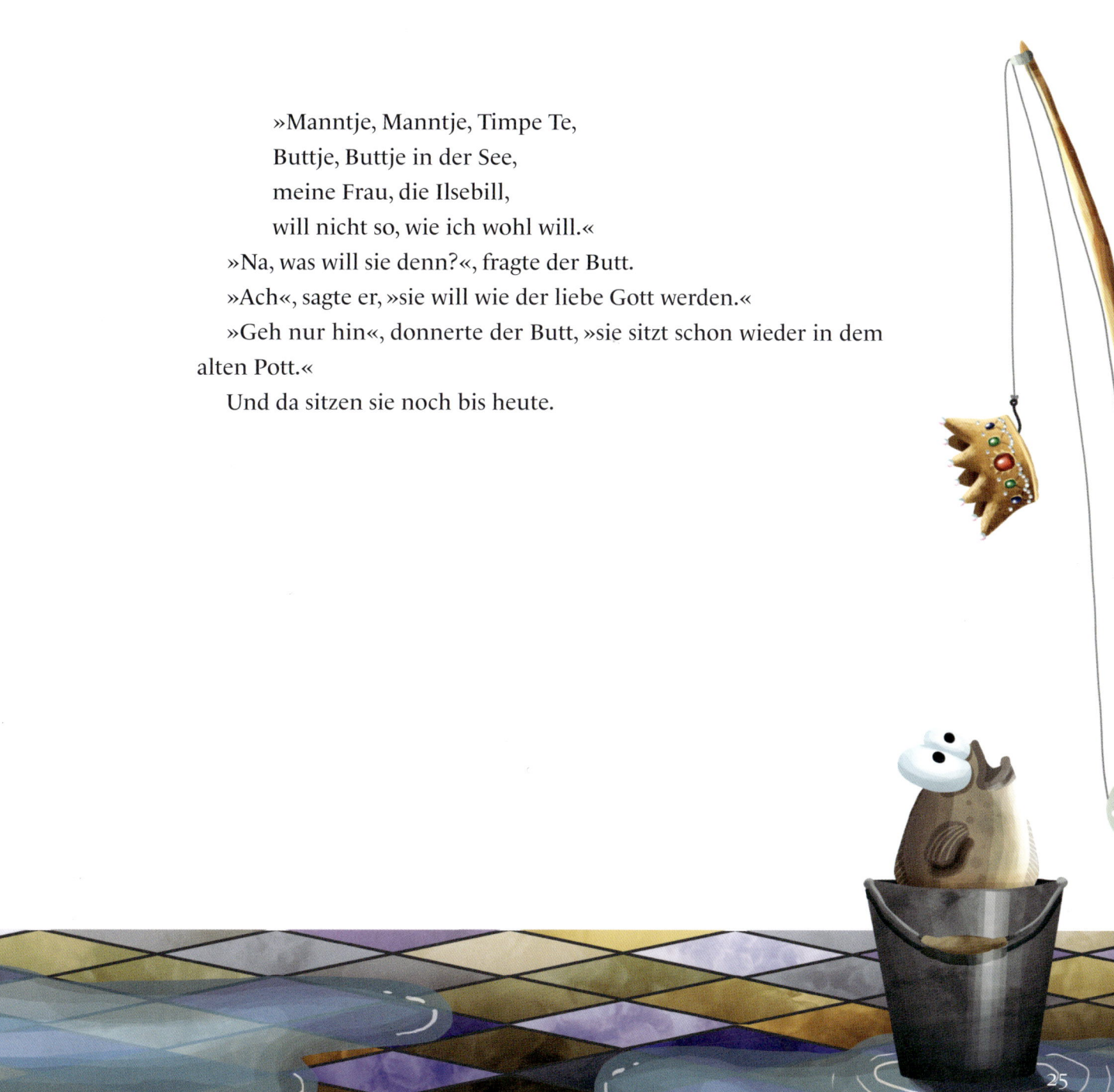

»Manntje, Manntje, Timpe Te,
Buttje, Buttje in der See,
meine Frau, die Ilsebill,
will nicht so, wie ich wohl will.«

»Na, was will sie denn?«, fragte der Butt.

»Ach«, sagte er, »sie will wie der liebe Gott werden.«

»Geh nur hin«, donnerte der Butt, »sie sitzt schon wieder in dem alten Pott.«

Und da sitzen sie noch bis heute.

Der Schimmelreiter vom Eiderstedter Deich

Vor langen Jahren setzte in Friesland nach einem strengen Frost im Februar plötzlich warmes Tauwetter ein. Dazu kam ein furchtbarer Nordwestwind, der grimmige Wellen und gewaltige Eismassen gegen den Eiderstedter Deich trieb. Die Küstenbewohner, die im Schutz des Deiches lebten, schauten angstvoll auf ihren Deich.

In der Nacht ritt der Deichgraf auf seinem Schimmel mit den Deichleuten zu einer gefährdeten Stelle am Deich und gab ruhig und wohlüberlegt seine Befehle. Obwohl viele fleißige Menschen rastlos arbeiteten, um einen Deichbruch zu verhindern, musste der Deichgraf schließlich doch erkennen, dass alle Mühe auf die Dauer vergeblich sein würde. Er befahl, in einiger Entfernung den Deich zu durchstechen und die Wellen kontrolliert einzulassen, damit größeres Unglück verhindert werde.

Die Deichleute waren starr vor Entsetzen und weigerten sich, seinem Befehl nachzukommen. Da fuhr der Deichgraf sie zornig an: »Ich trage die Verantwortung. Ihr habt zu gehorchen!«

Mürrisch führten die Leute nun den Befehl aus. Als dann die See brausend durch den Deich brach und immer größere Landflächen bedeckte, flammte der Zorn der Friesen auf, und man bedrohte den Deichgrafen mit schrecklichen Verwünschungen. Dieser aber gab seinem Schimmel die Sporen und stürzte sich mit seinem Pferd in den Durchbruch des Deichs. Da schlossen plötzlich mächtige Eisschollen den Durchstich. Der Sturm legte sich, und die Wasser traten langsam zurück. Die Menschen waren gerettet.

Seit jener Nacht haben nächtliche Wanderer immer wieder einen Reiter auf einem Schimmel aus dem Bruch hervorkommen sehen. Es ist der Deichgraf, der in stürmischen Nächten den Deich kontrolliert und über die Sicherheit der in seinem Schutz lebenden Menschen wacht.

Der Hase und der Igel

Es war an einem Sonntagmorgen im Herbst, gerade als der Buchweizen in Buxtehude blühte. Die Sonne war am Himmel aufgegangen, und der Wind strich warm über die Stoppelfelder, die Lerchen sangen hoch in der Luft, und die Bienen summten im Buchweizen. Die Leute gingen in ihrer Sonntagskleidung zur Kirche, und alle Geschöpfe waren vergnügt, auch der Igel.

Er stand vor seiner Tür, hatte die Arme verschränkt und schaute in den Morgen hinaus. Dabei trällerte er ein kleines Liedchen vor sich hin, so gut und so schlecht wie ein Igel am Sonntagmorgen eben zu singen pflegt. Während er nun so vor sich hin sang, fiel ihm plötzlich ein, er könnte doch, während seine Frau die Kinder wusch und ankleidete, ein bisschen im Feld spazieren gehen und nachsehen, wie die Steckrüben standen. Die Steckrüben waren ganz nah bei seinem Haus, und er aß sie mit seiner Familie gern zum Mittag, darum ging er auch davon aus, dass es seine waren.

Gedacht, getan. Er schloss die Haustür hinter sich und schlug den Weg zum Feld ein. Er war noch nicht sehr weit gekommen und wollte gerade um den Schlehenbusch herum, der vor dem Feld stand, als er den Hasen erblickte, der aus ähnlichen Gründen unterwegs war, nämlich um seinen Kohl auf dem Feld anzusehen. Als der Igel auf den Hasen traf, wünschte er ihm freundlich einen guten Morgen. Der Hase aber, der auf seine Weise ein vornehmer Herr war und furchtbar eingebildet noch dazu, antwortete gar nicht auf den Gruß vom Igel, sondern sagte mit überheblicher Miene: »Wie kommt es, dass du hier schon so früh am Morgen im Feld herumläufst?«

»Ich gehe spazieren«, sagte der Igel.

»Spazieren?«, lachte der Hase. »Du solltest die Kraft deiner Beinchen lieber für wichtige Dinge gebrauchen.«

Diese Antwort ärgerte den Igel sehr. Alles konnte er vertragen, aber auf seine Beine ließ er nichts kommen, gerade weil sie von Natur aus krumm waren.

»Du bildest dir wohl ein, du könntest mit deinen Beinen mehr anfangen?«, antwortete er.

»Das will ich behaupten«, sagte der Hase.

»Nun, das kommt auf einen Versuch an«, meinte der Igel. »Ich wette, wenn wir gegeneinander laufen, laufe ich schneller als du.«

»Du? Mit deinen krummen Beinen?«, sagte der Hase. »Das ist ja zum Lachen. Aber wenn du so große Lust hast – um was wetten wir?«

»Um einen Goldtaler«, sagte der Igel.

»Angenommen«, sagte der Hase. »Schlag ein, und dann kann es gleich losgehen.«

»Nein, so eilig ist es nicht«, meinte der Igel. »Ich habe noch gar nichts gegessen; erst will ich nach Hause und frühstücken. In einer Stunde bin ich wieder hier.«

Der Hase war einverstanden, und damit ging der Igel heim. Unterwegs aber dachte er bei sich: Der Hase verlässt sich auf seine langen Beine, aber ich will ihn schon kriegen. Er ist zwar ein vornehmer Herr, aber doch ein dummer Kerl, und dafür soll er bezahlen.

Als er nun nach Hause kam, sagte er zu seiner Frau: »Frau, zieh dich rasch an! Du musst mit mir ins Feld hinaus.«

»Was gibt es denn?«, fragte die Frau.

»Ich habe mit dem Hasen um einen Goldtaler gewettet, dass ich ihn beim Wettlauf schlage. Und da sollst du dabei sein.«

»O mein Gott, Mann«, begann die Frau loszuschimpfen, »hast du den Verstand verloren? Wie willst du gegen den Hasen gewinnen?«

»Ich habe einen Plan«, sagte der Igel. »Du wirst schon sehen. Also los, zieh dich an und komm mit!«

Was sollte also die Frau des Igels tun? Sie seufzte wegen der, wie sie fand, blöden Idee ihres Mannes, und widerwillig zog sie sich an.

Als sie miteinander unterwegs waren, sprach der Igel zu seiner Frau: »Nun pass auf, was ich dir sage. Dort auf dem langen Acker will ich unseren Wettlauf machen. Der Hase läuft in einer Furche und ich in der anderen, und dort oben fangen wir an. Du hast nun weiter nichts zu tun, als dich hier unten in die Furche zu stellen, und wenn der Hase in seiner Furche daherkommt, so rufst du ihm entgegen: Ich bin schon da!«

So kamen sie zum Rübenacker. Der Igel zeigte seiner Frau den Platz und ging den Weg hinauf. Als er oben ankam, war der Hase schon da.

»Kann es losgehen?«, fragte er.

»Jawohl«, erwiderte der Igel.

»Dann nur zu.«

Damit stellte sich jeder in seine Furche. Der Hase zählte: »Eins, zwei, drei«, und er lief wie ein Sturm den Acker hinunter. Der Igel aber machte nur etwa drei Schritte, dann duckte er sich in die Furche hinein und blieb ruhig sitzen. Und als der Hase im vollen Lauf am Ziel ankam, rief ihm die Frau des Igels entgegen: »Ich bin schon da!«

Der Hase war nicht wenig erstaunt, glaubte er doch nichts anderes, als dass er den Igel selbst vor sich hatte. Bekanntlich sieht die Frau Igel genauso aus wie ihr Mann. »Das geht nicht mit rechten Dingen zu«, rief er. »Noch einmal gelaufen, in die andere Richtung!« Und fort lief er wieder wie der Sturm, dass ihm die Ohren am Kopf flogen. Die Frau des Igels aber blieb ruhig an ihrem Platz sitzen, und als der Hase oben ankam, rief ihm der Herr Igel entgegen: »Ich bin schon da!«

Der Hase war ganz außer sich vor Ärger und schrie: »Noch einmal gelaufen, noch einmal herum!«

»Meinetwegen«, gab der Igel zurück. »Sooft du Lust hast.«

So lief der Hase dreiundsiebzigmal, und der Igel hielt immer mit. Und jedes Mal, wenn der Hase oben oder unten am Ziel ankam, sagten der Igel oder seine Frau: »Ich bin schon da.«

Beim vierundsiebzigsten Male aber kam der Hase nicht mehr ans Ziel. Mitten auf dem Acker fiel er zu Boden und blieb tot liegen. Der Igel aber nahm seinen gewonnenen Goldtaler, holte seine Frau vom Ende der Furche ab, und vergnügt gingen beide nach Hause.

So geschah es, dass auf der Buxtehuder Heide der Igel den Hasen zu Tode gelaufen hatte, und seit jener Zeit hat kein Hase mehr gewagt, mit dem Buxtehuder Igel um die Wette zu laufen.

Insel Neuwerk

Dort, wo die Wellen der Elbe und der Nordsee gegeneinanderrollen, liegt die Insel Neuwerk mit den flachen Ufern, dem hohen Leuchtturm und den einfachen Häusern der wenigen Bewohner. Diese unterhalten karge Verbindung mit dem Festland oder der Felseninsel Helgoland, und noch seltener setzen Fremde ihren Fuß auf diesen einsamen Strand.

Vor tausend Jahren – so erzählt mancher der märchenkundigen Fischer – war das anders. Die Insel erhob sich von allen Seiten stolz und kühn aus der wogenden Flut; sie war mit üppigen Gärten und schattigen Wäldchen bedeckt; goldene Früchte hingen an silbernen Ästen, und aus dem smaragdenen Boden blitzte es auf wie Sonne, Mond und Sterne. Vom Strand strömte ein aromatischer Duft auf das offene Meer hinaus.

Eine mächtige Königin lebte hier, nur mit der Erziehung ihrer Tochter und dem Wohl ihres Volkes beschäftigt. Und das gelang ihr, denn es gab weit und breit keine glücklicheren Menschen als die Bewohner dieser Insel. Was sie wünschten, wurde ihnen erfüllt. Darum liebten sie auch ihre Königin sehr. Wenn diese sich mit ihrem Töchterchen zeigte, herrschte große Freude, und alle riefen: »Es leben unsere gute Königin und die schöne Prinzessin!«

Ja, sie war schön, so schön wie kein anderes Geschöpf, schön wie ein Wesen aus vollkommenen Welten. Wer sie anblickte – und war er noch so unglücklich –, dessen Gesicht leuchtete, und Seligkeit lachte aus seinen Augen. Darum nannte man sie auch Augentrost. Wer einmal einen guten Tag haben wollte, der suchte nach der Prinzessin und blickte ihr in die hell strahlenden Augen.

Aber was allen Bewohnern der Insel Glück und Ruhe brachte, das war auch bestimmt, zu ihrer Vernichtung beizutragen.

Die Schönheit der Prinzessin war nicht allein in ihrer Heimat bekannt. Auch jenseits der Wellen, die diese glückliche Insel umrauschten, hörte man davon, und Gerüchte über das Wunder verbreiteten

sich. Und so kam es, dass Prinzen herbeieilten, um die Prinzessin für sich zu gewinnen. Aber keiner berührte das Herz der jungen Schönheit, und die Mutter hatte nichts zu tun, als die Bewerber einen nach dem anderen mit einem zierlich geflochtenen Korb nach Hause zu schicken.

Endlich ward es wieder still auf der Insel. Die hochgeborenen Freier wurden müde, sich für nichts und wieder nichts den Gefahren des Meeres auszusetzen. Und so ging bald alles wieder seinen gewohnten Gang, bis ein unerwartetes Ereignis die ganze Insel in Angst und Schrecken versetzte.

Die Prinzessin war eines Morgens gerade aufgestanden und hatte sich vor dem Diamantspiegel zurechtgemacht, als sie plötzlich gestört wurde.

»Prinzessin Augentrost! Prinzessin Augentrost!«, rief es vor dem Fenster. »Gönne mir doch einen Augenblick das Glück deines Anblicks, denn mein Herz ist traurig, und mir geht es ganz schlecht vor Schmerz.«

Voller Mitgefühl, wie die Prinzessin immer war, lief sie sogleich los, um dem Bittenden seinen Wunsch zu erfüllen. Doch als sie auf den

Balkon trat, schrie sie laut vor Schreck, denn plötzlich stand ein mächtiger Riese vor ihr. Er stützte sich mit beiden Ellenbogen auf das Geländer des Balkons und das große, unförmig gestaltete Haupt ruhte zwischen beiden Händen.

»Guten Morgen, schönes Prinzesschen! Schau mich einmal genau an und sage mir dann, ob ich nicht ein stattlicher Freiersmann bin. Ich bin der Wasserkönig von Wangerooge, und ich komme hierher, um eine Königin für meinen Palast und eine Frau an meiner Seite zu werben. Für beides bist du mir gut genug. Darum schlage ein und folge mir in deine neue Heimat.«

Die Prinzessin wagte kaum, die Augen aufzuschlagen und hauchte nur, dass Seine Majestät sich mit seinem Gesuch an die Königin-Mutter wenden möge. Denn so sei es auf dieser Insel Sitte. Kaum hatte der Riese sich dem Wunsch gefügt, verließ die Prinzessin voll Angst und Schrecken das Schloss und lief in den entferntesten Teil des Gartens zu ihrer Lieblingslaube.

Aber als ob der Tag dazu bestimmt war, Überraschungen bereitzuhalten, wich sie auch hier vor Erstaunen zurück, als sie entdeckte, dass

ihr Lieblingsplatz bereits besetzt war. Diesmal war es aber nicht banges Grausen, was ihren Schritt hemmte, sondern ein süßes Staunen überkam sie, und eine leichte Röte färbte ihre Wangen. Ein hübscher junger Mann, der so fein gebaut war, dass er aus Morgenluft und Rosenschein gewebt schien, stand vor ihr und verneigte sich bescheiden. »Bitte entschuldige, dass ich es gewagt habe, dich an deinem Lieblingsplatz aufzusuchen. Schon lange belausche ich dich von ferne, und mein Herz ist in großer Liebe zu dir entbrannt, das kann ich nicht länger verschweigen. Ich bin der Beherrscher der Blumeninsel Terschelling, und wenn du mich für würdig hältst, mein reiches Erbe mit dir zu teilen, machst du mich für immer glücklich.«

Die Prinzessin schien ganz vergnügt, sodass der Prinz mutig weiter um sie warb. Beide waren sich einig, dass der Prinz bei der Königin-Mutter feierlich um die Hand der Prinzessin anhalten sollte. Darauf trennten sie sich mit den tiefen Versicherungen ihrer Liebe und gingen auf verschiedenen Wegen zum Schloss.

In der Zwischenzeit hatte sich der Wasserkönig von Wangerooge bei der Königin melden lassen, und da er wegen seiner ungewöhnlichen

Länge nicht durch das Schlossportal passte, war die hohe Dame genötigt, ihm die Audienz in dem großen Hofraum zu gewähren. Zum Erstaunen und Schrecken des ganzen Hofes brachte nun der Riese seine Werbung an. Aber bevor die Königin irgendetwas von dem erwidern konnte, was man in einer solchen Situation zu sagen pflegt, trat die Prinzessin zu ihrer Mutter und rief leidenschaftlich: »Ich will ihn nicht! Ich will ihn nicht!«

»Nicht?«, schrie der Wasserkönig und machte einen Schritt nach vorn, sodass die Erde ringsum erbebte. »Und warum nicht?«

Da trat der Blumenprinz von Terschelling hervor und sagte keck: »Aus vielen Gründen, aber vor allem, weil wir uns bereits einig sind und ich gerade im Begriff bin, um ihre Hand anzuhalten.« Damit trat er zur Königin, und Prinzessin Augentrost rief: »Der ist es, den ich liebe und den ich mir vor allen anderen ausgesucht habe.«

Als die Hofleute und das Volk das hörten, jubelten alle und klatschten vor Freude, der Riese aber fing schrill und laut an zu lachen, wodurch alle vor Schreck erstarrten. Zugleich hob er den schönen Prinzen vom Boden hoch und sagte: »Jetzt sollt ihr sehen, dass der

Wasserkönig nicht nur ein mächtiger Riese, sondern auch ein gewaltiger Zauberer ist. Ich nehme diesen Jungen aus eurer Mitte, und damit er mir meine Freude nicht weiter verdirbt, will ich ihn unschädlich machen.« Er fuhr mit seiner großen Hand über die zarte Gestalt des Prinzen, sodass alle vor Angst laut aufschrien. Und als der Prinz die Arme ausstreckte, um sich zu verteidigen, verwandelten sich diese in zwei Flügel, und aus seinem Gesicht wuchs ein langer Schnabel, ein hell glänzender Busch von farbigen Federn bedeckte den Kopf, und die Füße gestalteten sich zu Klauen. Er war dabei so zusammengeschrumpft, dass er nicht größer als ein Papagei erschien – aber die Pracht seines Gefieders übertraf alles, was man je gesehen hatte.

»Ich gehe!«, rief der Wasserkönig. »Aber bald komme ich wieder, und dann fürchtet meinen Zorn, wenn ihr euch nicht besonnen habt.«

Der Riese hielt Wort. Er schritt mit dem so unglücklich verwandelten Prinzen durch das Meer zu seiner Insel, sperrte ihn in einen kunstvoll vergitterten Käfig und kehrte darauf zum Reich der Prinzessin Augentrost zurück.

Seinen Zweck erreichte er aber nicht, denn er wurde mit schnöden Worten abgewiesen und wegen seiner Missetat hart angegangen. Darüber ärgerte er sich sehr und rief mit zornglühenden Augen: »Dann war es das! Ich lasse von meiner Werbung ab, aber von diesem Augenblick an ist auch euer Verderben von mir beschlossen. Liebt nur immer euren unbärtigen Prinzen, der jetzt in seinem Bauer hin und her flattert, aber ihr sollt ihn und das Sonnenlicht nie wiedersehen.«

Mit diesen Worten sprang er rücklings ins Meer und tauchte unter. Im selben Augenblick verfinsterte sich der Himmel, ein fürchterlicher Sturm brauste und wühlte die tiefste Tiefe des Meeres auf. Die armen Insulaner klagten laut, aber ihr Jammern verschmolz bald mit dem Heulen des Windes und der Flut. Als nach vielen Stunden der Tag anbrach, sah man mit Entsetzen, welche Zerstörung das Unwetter angerichtet hatte. Die Wellen hatten den Boden des Meeres aufgewühlt und auf die Insel geschleudert, sodass Prinzessin Augentrost samt ihrer Mutter und allen ihren Untertanen, samt allen Schlössern und Gärten darunter begraben lag und ein hoher Sandhügel sich aus der unruhig hin und her wogenden Flut erhob.

Der Riese tauchte aus den Wellen auf, näherte sich dem Hügel und schrie: »Jetzt jammert darüber, schöne Prinzessin, dass Ihr mich verschmäht habt, und macht, dass Ihr Euch eines Besseren besinnt, damit dieser Zustand ein Ende nimmt. Am Ende jeden Jahres schicke ich den Prinzen zu Euch, der Euch fragen wird, ob Ihr Eure Meinung geändert habt, und sobald Ihr mich mit Eurer Einwilligung beglückt, löse ich den Zauber, der Euch und ihn gefangen hält. Bis dahin träumt in Eurem finsteren Kerker von eitel Sonnenschein!«

Er entfernte sich schnell, und in seinem Reich angekommen, trat er zu dem verwandelten Prinzen, der traurig in seinem Käfig saß und die Flügel hängen ließ: »Hab Geduld! Am Ende des Jahres öffne ich deinen Käfig. Du fliegst zum Reich der Prinzessin Augentrost und fragst, ob sie ihre Meinung geändert hat. Wage aber nicht, dich meiner Macht zu entziehen: Ich werde dich finden!«

Da freute sich der verzauberte Prinz sehr, und als das Jahr um war, flog er über die See, setzte sich auf den Sandhügel, der den Kerker seiner Geliebten bedeckte und rief: »Ich frage dich nicht, wie du denkst, denn das weiß ich ja. Traue meinen Worten, ich befreie dich aus

deinem Gefängnis. Treue Liebe vermag alles. Jetzt aber ruft mich mein tyrannischer Gebieter zurück, und ich darf nicht länger bleiben. Lebe wohl!«

Er flog weg und nahm einen Schnabel voll Erde mit, die er von dem Hügel, unter dem seine Geliebte ausharrte, aufgepickt hatte und die er weit entfernt ins Meer fallen ließ.

So geschieht es seitdem Jahr um Jahr. Immer wenn er seinem Herrn dieselbe Antwort bringt, trägt er etwas mehr Erde weg, hoffend, die schuldlos eingekerkerte Geliebte endlich zu befreien. Und worauf er hofft, das wird ihm gelingen, denn schon ist der Hügel verschwunden, und nur eine glatte Fläche ist sichtbar. Wenn hohe Sturmfluten kommen, bedecken sie bereits einen großen Teil davon mit ihren rollenden Wogen.

Der Uklei

Nicht weit von Eutin mitten in einem Buchenwald liegt ein kleiner See, der Uklei. Sein dunkles Wasser ist immer still und unbewegt, und es sieht alles um ihn herum etwas traurig und schwermütig aus. Der See ist nicht immer dagewesen, doch es ist schon lange her, dass er entstanden ist. Oben auf dem Hügel, wo jetzt ein Sommerhaus steht, stand früher eine Burg, in der ein junger, schöner, aber wilder Ritter hauste. Er liebte nichts mehr als die Jagd, und jeden Morgen begab er sich in den Wald. Dort begegnete ihm oft die Tochter eines armen Bauern. Sie musste jeden Morgen die Pferde ihres Vaters auf die Weide treiben. Der Ritter war bald wegen ihrer Schönheit in heftiger Liebe entflammt, aber das Mädchen wies seine Bitten und seine Geschenke zurück. Auf sein Werben gab sie stets zur Antwort,

dass sie niemals seine Frau werden könne, da sie nur eines armen Mannes Tochter sei, und sie sich darum nicht mehr treffen dürften. Doch hatte das Mädchen den schönen Ritter längst liebgewonnen.

Eines Morgens, als er ihr wieder mit seinen Bitten und Versprechungen folgte, kamen sie zu einer Senke im Wald, wo eine kleine Kapelle stand. Dort hinein führte der Ritter das Mädchen, und vor den Altar tretend, sprach er: »Hier vor Gottes Angesicht schwöre ich, dich zu meiner Ehefrau zu nehmen, und der Himmel soll mich vernichten, wenn ich dir nicht treu bleibe und mein Wort nicht halte.« Das Mädchen glaubte seinem Schwur, und von nun an trafen sie sich jeden Morgen im Wald. Doch dann erschien der Ritter nicht mehr jeden Tag.

Als das Mädchen ihn an sein Versprechen erinnerte, vertröstete er sie anfangs, blieb bald aber ganz fern und kam nicht wieder. Als sie dann erkannte, dass er seinen Schwur gebrochen und sie verlassen hatte, legte sie ein schwarzes Kleid an, wurde krank vor Traurigkeit und starb nach kurzer Zeit.

Der Ritter hatte sich unterdessen mit einer reichen Gräfin verlobt, und der Hochzeitstag wurde bestimmt. Sie sollten in der kleinen Kapelle im Wald getraut werden. Als der Prediger aber seine Rede gehalten hatte und das Brautpaar vereinen wollte, da erschien der Geist des unglücklichen Mädchens und erhob drohend den Finger gegen den Bräutigam. Als dieser vor Schreck zu Boden ging, brach augenblicklich ein solches Unwetter mit Donner und Regen los, als wenn der Himmel einstürzen wollte. In dem Augenblick versank die Kapelle mit allen, die darin waren. Nur der Prediger, die Braut und ein kleines unschuldiges Mädchen, die auf die hölzernen Stufen des Altars getreten waren, wurden gerettet. Und seit der Zeit liegt ein See an diesem Ort.

Manchmal aber klingt bei stillem Wetter gegen Abend noch der Ton des Glöckchens der Kapelle aus dem Wasser herauf.

Der Rattenfänger von Hameln

Im Jahr 1284 tauchte in Hameln ein wunderlicher Mann in einem bunten Mantel auf. Er gab sich als Rattenfänger aus und versprach, dass er gegen Geld die Stadt von allen Mäusen und Ratten befreien würde. Die Bürger wurden mit ihm einig und versicherten ihm einen bestimmten Lohn. Der Rattenfänger zog danach ein Pfeifchen heraus und pfiff. Bald kamen die Ratten und Mäuse aus allen Häusern hervorgekrochen und sammelten sich um ihn herum. Als er nun meinte, es wäre keine zurückgeblieben, ging er aus der Stadt, und alle Nager folgten ihm. Er führte sie an die Weser, trat ins Wasser und hob seinen Mantel, woraufhin sie im in den Strom folgten.

Nachdem die Bürger aber von ihrer Plage befreit waren, bereuten sie den versprochenen Lohn. Sie verweigerten dem Mann das Geld unter allerlei Ausreden, sodass er schließlich zornig und verbittert wegging.

Am Johannis- und Paulitag im Juni, morgens früh um sieben Uhr, erschien er wieder, jetzt in Gestalt eines Jägers und mit einem seltsamen roten Hut. Er ließ seine Pfeife in den Gassen hören. Dieses Mal kamen aber nicht Ratten und Mäuse, sondern kleine Kinder angelaufen, und auch die schon erwachsene Tochter des Bürgermeisters war dabei. Der ganze Schwarm folgte ihm, und er führte sie hinaus in einen Berg, wo er mit ihnen verschwand. Ein Kindermädchen hatte den Zug der Kinder beobachtet und kehrte um und brachte die Nachricht in die Stadt. Die Eltern liefen vor alle Tore und suchten besorgt ihre Kinder; die Mütter weinten. Dann wurden Boten an alle Orte geschickt, um sich zu erkundigen, ob man die Kinder gesehen hatte, aber alles war vergeblich. Hundertdreißig Kinder waren verloren, nur einige kleinere hatten nicht folgen können und ein Junge war umgekehrt, um seinen Mantel zu holen, und als er zurückkehrte, waren die anderen Kinder bereits verschwunden.

Die Straße, durch die die Kinder zum Tor hinausgegangen waren, heißt noch heute Bungelosenstraße, was soviel bedeutet wie »trommellose Straße«, denn in dieser Straße darf in Erinnerung an die Kinder nicht musiziert werden.

Der Berg bei Hameln, wo die Kinder verschwanden, heißt der Poppenberg. Dort wurden links und rechts zwei Steine in Kreuzform aufgestellt.

Die Elbgeister

Vor mehreren hundert Jahren war die Stadt Hamburg nicht wie jetzt gegen die andringenden Fluten geschützt, sondern von den Häusern bis zum Flussbett zog sich eine breite Niederung hin. Diese wurde häufig überschwemmt, hauptsächlich im Frühjahr oder im Herbst, wenn heftige Regengüsse eintraten und Nordweststürme die Fluten aus der Nordsee in die Elbe trieben. Durch den mitgeführten Sand wurden die Niederungen nach und nach unfruchtbar.

Von diesen Niederungen wird erzählt, dass sich die Elbgeister auf ihnen versammelten, um zu beraten, wie sie den Menschen Schaden zufügen könnten. Die Menschen waren den Elbgeistern verhasst, weil sie durch die Schiffe in das Reich der Geister einzugreifen versuchten.

Die Überschwemmungen hielten an. Da kam ein kluger Mann auf den Gedanken, den Elbgeistern diese Niederungen abzuringen. Er schlug vor, sie durch Erdwälle vor den Fluten zu schützen. Sein Vorschlag fand Beifall, und bald sah man viele Menschen beschäftigt, die schützenden Deiche aufzuwerfen.

Die Elbgeister kamen jeden Abend und sahen sich das Werk der Menschen an. Sie konnten sich nicht erklären, wozu diese Arbeit dienen sollte, und spotteten darüber. Endlich waren die Deiche fertiggestellt, und zuversichtlich sahen die Bewohner einer Überschwemmung entgegen. Ein heftiger Weststurm trat ein und trieb die Wellen zu außerordentlicher Höhe.

Aber der Deich hielt stand, und die Niederungen blieben verschont. Als die Elbgeister dies bemerkten, versuchten mit heftigen Stürmen und Hochfluten das Werk der Menschen zu zerstören, aber ihr Mühen war vergeblich. Nur an einer schwachen, dem Ansturm besonders ausgesetzten Stelle gelang es ihnen. Am nächsten Morgen aber drehte der Wind nach Ost, das Wasser lief ab, und die Bewohner konnten ihren Deich nicht nur ausbessern, sondern bedeutend verstärken.

So begann ein bis heute andauernder Kampf mit den Elbgeistern. Immer wieder versuchen diese, die Deiche der Menschen zu zerstören. Verschiedene Male ist es ihnen gelungen. Noch heute sollen sich die Elbgeister in Gestalt von Eulen auf dem Deich aufhalten, der heute Billwerder-Deich heißt, früher aber den Namen Eulendeich führte.

Klaus Störtebeker und Godeke Michels

Woher Klaus Störtebeker stammt, weiß niemand so genau. Einige sagen, er sei in Ostfriesland geboren, aber die meisten berichten, er sei der Sohn eines Edelmanns aus Halsmühlen bei Verden an der Aller. In seinen jungen Jahren lebte er sehr vergnügt. Er aß und trank viel, raufte sich und feierte mit wilden Gesellen in Hamburg. Er frönte auch dem Glücksspiel, bis er all sein Hab und Gut verprasst hatte. Als ihm zuletzt sogar die ritterlichen Ehren genommen und er der Stadt verwiesen wurde, da schloss er sich kurzerhand einer Bande an und wurde ein Seeräuber.

Der Anführer der Bande war Godeke Michels, ein tapferer, gewaltiger Mann aus gutem Hause, über dessen Heimat sich Holstein, Mecklenburg, Pommern und Rügen streiten, andere aber nennen eine verfallene Burg bei Walle im Verdenschen als seinen Geburtsort. Er nahm den neuen Genossen mit Freude auf und unterstellte ihm nach abgelegten Proben seiner Kraft (denn er konnte eine eiserne Kette wie einen Bindfaden zerreißen) wie auch seiner Unerschrockenheit und Tapferkeit gleich ein Schiff. Nur wenig später teilte er sogar den Oberbefehl über die ganze Brüderschaft mit ihm.

Und weil der neue Genosse, der seinen adligen Namen abgelegt hatte, so viel und so schnell trinken konnte, dass er jeden vollen Becher, und war er noch so groß, immer in einem Zuge hinunterstürzte, nannte man ihn den Becherstürzer oder plattdeutsch Störtebeker.

Als die Raubbrüder einmal die Nordsee recht leergeplündert hatten, fuhren sie nach Spanien, um dort zu rauben. So erbeuteten Klaus Störtebeker und Godeke Michels die Reliquien des heiligen Vincentius, die sie aus einer Kirche genommen hatten. Sie trugen sie seitdem unter ihrer Kleidung auf der bloßen Brust und aus diesem Grund sollen sie fast unverwundbar gewesen sein. Kein Schwert und Dolch, keine Armbrust, keine Pistole und kein Geschütz hätte sie je verletzen, geschweige denn töten können, so ging die Sage.

Ihr Versteck hatten sie lange Zeit auf Rügen, nach ihrer Vertreibung aus der Ostsee mussten sie ihre Schlupfwinkel allerdings verlassen. Aber auch in Ostfriesland gewannen sie schnell neue Freunde. Besonders bei Marienhave waren sie oft unterwegs, und dort gibt es noch viele Erinnerungen an Störtebeker. Der Häuptling Keno ten Brooke wurde sein Schwiegervater, denn dessen schöne Tochter verliebte sich in den kühnen, mächtigen Mann und folgte ihm auf sein Schiff.

Wenn Störtebeker ein Schiff aufgebracht hatte, so testete er die gefangenen Seeleute. Wer ihm brauchbar erschien und zudem seinen ungeheuren Mundbecher voll Wein in einem Zuge leeren konnte, der wurde Teil der Piratenmannschaft, alle anderen gingen, wenn sie kein Lösegeld erbrachten, über Bord.

Klaus Störtebeker und Godeke Michels sollen auch Reue über ihre Taten empfunden haben, weshalb jeder von ihnen dem Dom zu Verden sieben Fenster geschenkt haben soll. Das Störtebekersche Wahrzeichen, zwei umgestürzte Becher, ist in einem dieser Fenster angebracht. Und auch Brotspenden an dortige Arme sollen sie gestiftet haben.

Doch ihr Treiben war allzu ärgerlich für die Händler und die Städte, und schließlich wurden die Piraten dingfest gemacht. Zunächst Störtebeker mit 71 seiner Männer, später wurde auch Godeke Michels gefangengenommen. In Hamburg machte man mit den Seeräubern kurzen Prozess.

Es wird erzählt, dass Störtebeker, als man ihm sein Todesurteil verkündete, dem Rat der Stadt für sein Leben und seine Freiheit eine goldene Kette bot, die so lang sei, dass man den ganzen Dom, ja die Stadt damit umschließen könne. Die wollte er aus seinen vergrabenen Schätzen herbeischaffen. Der Rat aber lehnte dieses Angebot entrüstet ab und ließ das Recht walten.

Schon am nächsten Tag fand die Hinrichtung auf dem Grasbrook statt. Es heißt, dass die 72 verwegenen Gesellen in ihrem besten Gewand stattlich und stolz hinter Trommlern und Pfeifern in den Tod schritten. Störtebekers Schiff wurde danach von den Hamburgern eifrig nach seinen ungeheuren Schätzen durchsucht. Außer einigen Pokalen fanden sie aber erst einmal nichts, bis endlich ein Zimmermann, der mit der

Axt zufällig gegen den Hauptmast schlug, eine Höhlung darin entdeckte, die voll geschmolzenem Gold war. Mit diesem Schatz wurden die beraubten Hamburger Bürger entschädigt. Vom restlichen Gold aber, so heißt es, ließ der Rat eine schöne goldene Krone für den St. Nicolai-Kirchturm anfertigen.

Erdmantjes

Vor mehr als fünfhundert Jahren wohnten die Erdmantjes im Plytenberg bei Leer. Sie hatten tief im Berg ein wunderschönes Schloss aus Marmor und Gold mit einem großen Saal, dessen Wände waren blau wie der Himmel, und drinnen leuchteten sonnengleich unzählige Edelsteine. Hier lag König Radbods verschwundener Schatz, der den ganzen großen Fußboden füllte und wie Meeresflut meterhoch an den Wänden emporstieg. Alles glitzerte so, dass einem die Augen wehtaten.

Die Erdmantjes, die unter ihrem König Sjurt den Schatz bewachten, bekam man nur sehr selten zu sehen. Einmal, es war in der Osterzeit, ging eine Gruppe Jungen aus Leer an den Plytenberg, um dort mit ihren bunten Eiern zu lönsken, sie den Berg runterrollen zu lassen. Da sahen sie, wie vor einem großen Loch zwei Erdmantjes mit grauen

Kitteln, Zipfelmütze und langen Bärten saßen und sich in der März-sonne wärmten. Als sie jedoch von den Kindern überrascht wurden, huschten sie wie Wiesel in die Erde. Die Jungen liefen schnell zurück und schrien: »Wir haben die Erdmantjes im Plytenberg gesehen!« Und im Laufe des Tages wanderten viele Neugierige hinaus, um sich das Erdloch anzusehen.

Die Leute mochten die Erdmantjes sehr gern. Wenn sie in Not kamen, gingen sie nachts um zwölf hinaus auf den Plytenberg, ver-neigten sich dreimal nach Osten und riefen: »Erdmantje, Erdmantje, hilf mir! Komm in mein Haus, ich brauche dich!«

Zu Hause mussten dann sämtliche Türen offenstehen und alle Lichter gelöscht sein, keiner durfte mehr außerhalb des Bettes sein. Wenn man dann zurückkam, waren die Erdmantjes inzwischen dage-wesen und hatten Menschen oder Vieh wieder gesundgemacht.

Nun wohnte nicht weit vom Plytenberg auf einer einsamen Warf im Surhammerk, einer der kaum bewohnten Niederungen, ein Bauer, den die Leute Klaas Knieptang nannten, weil er so geizig war, dass er seinen Knechten und Mägden nicht einmal zu Weihnachten Butter

auf Brot, Sirup im Buttermilchbrei und Kluntje im Tee gönnte. In seinem Keller hatte er ein großes Fass, das war schon beinahe ganz voll mit Goldstücken, und wenn er sich recht freuen wollte, so ging er hinunter und wühlte mit den Händen darin.

Eines Tages saß nun Klaas an der Ems, um zu fischen. Es war ein wunderschöner Tag. Die bunten Kühe lagen im hohen Gras und kauten behaglich, und die Lerchen stiegen zwitschernd in den blauen Himmel hinauf. Da es kurz nach dem Essen war, fielen Klaas bald die Augen zu, und sein Kopf sank müde nach vorn. Als er nun gerade von König Radbods Schatz träumte, ruckte es mit einem Mal an der Angelschnur, und der Bauer schreckte hoch Na, da musste ein dicker Fisch angebissen haben, dachte er. Mit einem Schwung zog er die Angel hoch und holte einen großen, sonderbaren Fisch aus dem Wasser, der wie Gold und Silber glänzte und auf dem Kopf ein Gewächs hatte, das genau wie eine kleine Krone aussah. Gierig griff Klaas Knieptang nach der Beute, und mit dem Daumen kratzte er schnell einige Schuppen weg. Auch darunter schimmerte es wie Gold. Gerade wollte Klaas den Fisch triumphierend in den Sack stecken, da hätte er ihn vor lauter Schreck beinahe

wieder fallen lassen; denn der machte mit einem Mal den Mund auf und fing deutlich an zu sprechen:

»Bauer, Bauer, Hex' und Nix',

schmeiß mich rein und tu mir nix!«

Da lachte der Bauer hellauf und sagte: »Na, das könnte dir wohl so passen! Nein, dich nehme ich mit, lasse dich erst gegen Geld sehen, und dann brate ich dich.«

»Ach, lass mich doch wieder in die Ems. Ich bin Sohn des Dollartkönigs, und als ich heute Morgen vorm Schloss meines Vaters spielte, nahm die Tide mich mit die Ems hinauf. Mein Vater wird sich sicher schon Sorgen machen.«

»Ja, das mag alles sein; aber nun bist du mein.«

»Wenn du mich loslässt, will ich dir auch sagen, wie du König Radbods Schatz bekommen kannst.«

»Was? König Radbods Schatz? Ja, das ist was anderes.«

»Er liegt unten im Plytenberg, und die Erdmantjes bewachen ihn. Ihr König Sjurt hat den Schlüssel am Gürtel, und wenn du seine Brille aufsetzt, kannst du den Schatz im Berg sehen.«

Da warf Klaas den Wunderfisch rasch wieder ins Wasser und ging schnell nach Hause. Drei Tage saß er allein in seiner Stube und dachte nach, wie er es machen könnte, Schlüssel und Brille zu bekommen. Am vierten Tag rief er endlich einen Knecht zu sich und redete lange mit ihm hinter verschlossenen Türen.

Am anderen Tage war in Leer Markt, und die Knechte und Mägde sprachen schon viel darüber, ob sie wohl hindürften. Zu ihrer Verwunderung trieb ihr Herr sie aber sogar an, früh hinzugehen und recht spät wiederzukommen. Als nun endlich das Haus leer war, schleppte der Knecht, der allein zurückgeblieben war, keuchend einen Sack herbei, fegte die Stube rein und bestreute den ganzen Boden mit grünen Erbsen. Am Abend ging er hinaus auf den Plytenberg und rief mit weinerlicher Stimme:

»Erdmantje, Erdmantje, hilf mir!

Komm in mein Haus, ich brauch dich!

Der König, der König muss kommen,

sonst wird dem Bauer das Fieber nicht genommen.«

Das war aber alles erlogen, und Klaas hatte gar nicht das Fieber, sondern lag in der dunklen Stube hinter der Tür und lauerte wie eine Katze auf die Mäuse. Die alte Wanduhr schlug rasselnd zwölf. Jemand tappte den Gang entlang, und ein feiner Lichtstrahl sprang ins Dunkel hinein. Da – ein Schrei und ein Fall. Der Bauer stand schnell auf, riss seine Laterne unterm Rock hervor und beleuchtete das auf dem Boden liegende Kerlchen. Ja, es war der König. Mit seiner mageren Hand packte Klaas das zappelnde Erdmantje, nahm Brille und Schlüssel und versteckte beides sorgsam in seinem Bett.

Die Erdmantjes im Plytenberg gingen die ganze Nacht nicht zu Bett und warteten voll Angst auf ihren König. Doch er kam auch noch den nächsten Tag nicht. Im Dunkeln ging nun einer der Ältesten etwas in den Hammerk hinein, um seine Spur zu suchen. Da begegnete ihm eine Eule, die er nach dem König fragte.

»Ja, als ich gestern Nacht bei Klaas Knieptangs Hof vorbeiflog, sah ich ihn dort hineingehen.«

»Nun, dann weiß ich genug.«

Weinend kam er zu den anderen zurück und sagte: »Liebe Brüder, unser König ist tot. Nun müssen wir alle zum Lande hinaus.« Da weinten sie und jammerten. Dann aber packten sie ihre Säcke, steckten jeder ein Goldstück in die Tasche und gingen vor den Berg.

Draußen war es dunkle Nacht. Die schwarzen Wolken hatten Mond und Sterne gefressen und krochen nun träge am Himmel dahin. Der Älteste zündete seine Laterne an, ging voraus, und die anderen folgten ihm.

Als sie Leer erreicht hatten, ging er an des Fährmanns Fenster, klopfte an und rief: »Bring uns rüber!« Der Fährmann fuhr aus seinem Schlafe auf, rieb sich die Augen und brummte: »Wer ist denn da in dunkler Nacht?« Er zog schnell Stiefel und Jacke an, nahm seine Laterne und ging hinaus. Erst sah er niemanden, dann hörte er mit einem Mal vielstimmiges Klagen:

»Unser König ist tot,
unser König ist tot,
nun müssen wir alle weg aus Not.«

In dem Moment erblickte er zu seinen Füßen die wimmelnde Schar der Erdmantjes.

»Gott soll mich bewahren!«, rief er erschrocken.

Da trat der Älteste an ihn heran und sprach: »Lieber Fährmann, bring uns hinüber, es soll dein Schaden nicht sein.«

Da ging er mit ihnen ans Wasser, nahm sie alle in sein Boot und ruderte sie hinüber auf die Rheiderländer Seite. Dort hob er einen nach dem anderen behutsam ans Land, und jeder fasste dann in seine Tasche und gab ihm das Goldstück.

Darüber freute sich der Fährmann sehr und fuhr schnell zurück, weckte Frau und Kinder und erzählte ihnen alles.

»Die guten Erdmantjes!«, jammerte die Frau. »Ich hätte zu gern eins gesehen.«

Sechsmal war der Bauer schon nachts am Plytenberg gewesen, hatte die Brille aufgesetzt und versucht, in den Plytenberg hineinzusehen, aber alles vergebens. Als er nun jedoch zum siebten Mal hinging, war gerade Neumond. Klaas hatte kaum die Brille aufgesetzt, da erblickte

er auch schon Schloss, Saal und Schatz. Ein langer Gang, der zu seinen Füßen begann und durch eine Pforte verschlossen war, führte gerade darauf zu. Rasch probierte er den Schlüssel. Ein kleiner Freudenschrei – er passte! Da rannte Klaas eilig zurück, ging leise in seinen Stall, spannte seine Hengste vor den größten Wagen und fuhr mit ihnen hinaus an den Plytenberg. Am Himmel funkelten die Sterne, aber aus der Ems stiegen die Nebelfrauen und tanzten im Hammerk ihren Reigen, flogen dann hinauf und verhängten mit ihren Schleiern den flimmernden Nachthimmel. Als der Bauer vor dem Berg hielt, zitterten ihm Knie und Hände, und beinahe hätte er beim Aufschließen den Schlüssel verloren. Als er nun im Saal war, warf er sich einen Augenblick hin und wühlte gierig mit aufgekrempelten Ärmeln im Gold. Dann schaufelte er Sack um Sack voll und schleppte sie keuchend auf seinen Wagen. Stunden vergingen, doch er merkte es nicht. Da krähte auf seinem Hof ein Hahn, und die Pferde wieherten angstvoll.

Schnell rannte Klaas hinaus, schwang sich auf den Wagen und jagte den Weg zurück.

Als er jedoch dicht vorm Großen Slot war und über die hölzerne Brücke fahren wollte, stieg plötzlich der Wasserkerl aus der Tiefe auf, wuchs riesengroß in den Himmel hinein und streckte gierig seine langen Arme aus. – Da bäumten sich die wiehernden Pferde hoch auf, sprangen erschrocken zur Seite und jagten ins Land auf die Ems zu. Klaas sträubten sich die Haare, der Angstschweiß rann ihm über Stirn und Hände, und die Arme schmerzten ihm vom Ziehen am Zügel. Aber die Hengste rasten immer weiter. – Schon wurde es hell, und der Bauer sah mit Entsetzen dicht vor sich das breite Wasser schimmern.

Da schrie er laut in seiner Herzensnot:

»Erdmantje, Erdmantje, hilf mir!«

Doch es war zu spät: Die grauen Wellen spritzten hoch auf und schluckten gierig das Fuhrwerk mitsamt dem Bauern und Radboods Schatz.

Die sieben Faulen

Als die Stephansstadt, das heutige Stephaniviertel in Bremen, noch nicht gebaut war, gab es in der Gegend nur Kohlbauern und Ackerland. Aber die Ländereien brachten bloß eine mittelmäßige Ernte, denn ein großer Teil bestand aus Sandboden, und die niedrig gelegenen Landstriche wurden immer einmal wieder von der Weser überschwemmt. Und wenn der Fluss schon längst in seine Ufer zurückgetreten war, hielt sich das Wasser in den Niederungen bis tief in den Sommer hinein, und giftige Ausdünstungen verpesteten die Luft.

Darum war die ganze Gegend auch sehr wenig bewohnt, und nur die ärmeren Bürger, die hier ein Stück Land besaßen, und für die eine Wohnung in der eigentlichen Stadt zu teuer war, hatten sich hier angesiedelt.

Vor vielen, vielen Jahren nun wohnte hier ein Mann, der, nach der Größe seines Grundbesitzes zu rechnen, sehr reich hätte sein müssen.

Er war aber dennoch der ärmste unter allen seinen Nachbarn, denn seine Kohläcker waren die dürrsten und sandigsten, und sein Grasland war fast das ganze Jahr hindurch ein beständiger Sumpf. So durfte er nur in sehr trockenen Jahren mit einer kleinen Heuernte rechnen. Deswegen hielt er auch keine Kuh, sondern begnügte sich mit einer Ziege, obwohl die Milch, die seine Ziege gab, für seinen Haushalt bei Weitem nicht ausreichte.

Er hatte sieben Söhne, einer noch größer und stärker als der andere. Die schlenderten den ganzen Tag umher, schauten ins Wasser und sahen nach Wind und Wetter, und wenn sie am Mittag nach Hause kamen, hatten sie Hunger wie die Wölfe. Nichts in der Welt schärft so sehr den Appetit wie der Aufenthalt an der frischen Luft und am fließenden Wasser!

Da saßen die sieben Jungen nun um den großen Eichentisch, und es war eine Freude, wie es ihnen schmeckte. Nach dem Essen gingen sie ein Stündchen auf den Heuboden, legten sich der Reihe nach hin zum Schlafen und schnarchten, dass die Wände dröhnten. Und wenn sie sich ausgeruht fühlten, dann reckten und streckten sie sich und

gingen langsam zum Ufer, um den Fischern zuzusehen, wie sie Lachs und Stör fingen, und wie die Schiffe lustig die Weser auf und ab segelten.

Als die Sonne unterging, machten sie sich auf den Heimweg, um schlafen zu gehen. Vorher aber nahmen sie erst ein ordentliches Abendbrot zu sich. Hatten sie sich aber erst einmal zur Ruhe gelegt, dann schliefen sie auch wie die Steine, fest und tief, bis die Sonne hoch am Himmel stand und sie zum Frühstück gerufen wurden.

Auf diese Weise hielten sie es Jahr ein, Jahr aus, einen Tag wie den anderen, in stetem Müßiggang, sodass sie in der ganzen Nachbarschaft nur als die sieben Faulen bekannt waren. Das wussten sie recht gut, aber was kümmerte sie das Gerede der Welt. Sie hatten ein gutes Gewissen, und wenn sie nach Hause kamen, war der Tisch gedeckt. Da waren die Reden der Nachbarn leicht vergessen.

Der Vater gab ihnen wohl mitunter zu verstehen, dass er älter werde und hoffe, dass sie ihm unter die Arme greifen würden. Das war aber lächerlich; denn der hatte ja selbst so wenig zu tun, dass er meistens den ganzen lieben Tag auf der Bank vor dem Haus saß oder mit den vorübergehenden Nachbarn über das Wetter sprach. Auch pflegte er

stundenlang mit verschränkten Armen in seine Wasserlachen zu schauen und Vergleiche darüber anzustellen, wie viel glücklicher Harm, Klaus und Kunz seien, dass sie gutes, trockenes Land und gesundes Heu hätten. Dann seufzte er tief, drehte sich um und ließ es beim Alten.

Die Mutter melkte die Ziege, kochte Rüben und Kohl, besorgte Feuerholz und Wasser, und war überhaupt die Einzige, die Sorge für den Haushalt trug.

So ging es lange Zeit, bis die Brüder doch endlich anfingen, sich zu langweilen, weil sie so ganz ohne Beschäftigung waren. Auch sahen sie, wie ihre Altersgenossen arbeiteten, Geld verdienten und emporkamen.

Da sprach der Älteste zu den anderen: »Ihr wisst, dass mir, als dem Erstgeborenen der väterliche Hof zusteht. Doch ich verzichte auf mein Vorrecht zugunsten unseres jüngsten Bruders. Ich will in Dienst gehen bei fremden Leuten und hoffe, in kurzer Zeit so viel zu erwerben, dass ich mir selbst einen Hof kaufen kann.«

Die Idee fand allgemeinen Beifall, und sie beschlossen alle, das Gleiche zu tun und das Haus zu verlassen. Selbst der Jüngste wollte nicht daheimbleiben, denn es schien ihm etwas Großes, Knecht zu sein und Geld zu verdienen.

So ging die Gruppe, mit breiten Schultern und starken Armen, von Haus zu Haus und bot ihre Dienste an. Aber es lief nicht so, wie sie es sich gewünscht hatten. Wo sie auch hinkamen, fingen die Leute an zu lachen, und einer sprach höhnisch zum anderen: »Da sind die sieben Faulen, um Arbeit zu suchen. Ihres Vaters Hof nährt sie nicht mehr. Jetzt wollen sie uns auf der Tasche liegen. Aber sie haben keine Lust zu arbeiten, und hier kann nur ein fleißiger Knecht Aufnahme finden. Weg mit den sieben Faulen!«

Sie zogen weiter, erst zu ihren Nachbarn in die Vorstadt, dann in die Stadt selbst. Aber da war niemand, der sie in Dienst nehmen wollte. Und auch wer sie nicht kannte, nahm sich vor ihnen in Acht. Denn ihr Ruf war ihnen vorausgeeilt.

So kamen sie am Abend heim, müde, verdrießlich und hungrig. Die Mutter trug ihnen ihr Abendbrot auf, aber zum ersten Mal in ihrem Leben wollte es ihnen nicht schmecken.

Auch legten sie sich nicht gleich nach dem Essen ins Bett, wie es sonst ihre Gewohnheit war, sondern sie saßen schweigsam auf der Bank, mit gesenkten Köpfen, die Arme über der Brust gekreuzt und die Beine bis in die Mitte der Stube von sich gestreckt.

Der Vater hatte Mitleid mit seinen Söhnen. die gern vorwärts wollten in der Welt und denen man keine Gelegenheit gab, ihre Kraft und Geschicklichkeit zu zeigen. Er versuchte, sie zu trösten, und versprach, ihnen genug Arbeit zu geben. Er wollte sich, wie er sagte, in Zukunft um nichts mehr kümmern und ihnen die ganze Besorgung der Wirtschaft allein überlassen.

Die Söhne mochten nichts erwidern; sie schauten auf den Ältesten und warteten, was der sagen würde. Der drehte sich zum Vater, er konnte sich nicht länger zurückhalten. »Hättest du«, sagte er zornig, »Beschäftigung für uns gehabt, so wären wir nicht ohne unsere Schuld in den Verdacht der Trägheit geraten und könnten jetzt unser Glück als Knechte machen. Das bisschen Erbsen und Bohnen kannst du gut allein pflanzen, und das Heu aus der Lache zu fischen, ist ebenfalls nicht beschwerlich. Die ganze Wirtschaft mag ein alter Mann wie du besorgen, und von uns wird sich keiner daran vergreifen. Wir wollen aber arbeiten, und da wir in der Heimat überall zurückgewiesen wurden, gehen wir morgen in die weite Welt.«

Es war vergebens, dass der Vater ihnen von ihrem Vorhaben abriet, es war vergebens, dass sich die alte Mutter die Augen aus dem Kopf weinte. Als der Tag graute, nahmen sie Abschied und gingen ihres Weges, der aufgehenden Sonne entgegen, ohne sich nach den armen Eltern umzusehen, die jammernd in der Haustür standen und ihnen nachschauten.

Als die Söhne nicht mehr zu sehen waren, gingen die beiden Alten ins Haus zurück, um sich recht auszuweinen, dass sie nun so ganz allein seien. Ihr einziger Trost war, dass der Hunger die Knaben zurückführen würde, und deshalb schauten sie fleißig in die Richtung, in der die Söhne verschwunden waren. Aber so sehr sie auch Ausschau hielten, von den sieben war nichts zu hören und zu sehen. So ging es einen Tag wie den anderen, und die Eltern warteten vergeblich auf die Rückkehr der Kinder.

Jahre gingen ins Land, und man hatte die Fortgewanderten beinahe vergessen. Da hörte man plötzlich das Geschrei: »Da kommen sie wieder zurück, die sieben Faulen!« Und alle stürzten an die Türen, um die Ankömmlinge in Augenschein zu nehmen. Die trugen Schaufeln und allerlei Gerät, schauten weder rechts noch links und gingen trotzig ihres Weges, ohne jemanden zu grüßen.

Die Freude der Eltern über die Heimkehr der Söhne lässt sich nicht beschreiben. Diese waren in fernen Landen gewesen und hatten dort gelernt, dass man es gar nicht nötig habe, in die weite Welt zu gehen, wenn man wirklich Lust zu arbeiten hat. Was sie aber an diesem Abend mit den Eltern geredet und welche Entwürfe sie dem ungläubigen Vater vorgelegt hatten, das erfuhr keiner von den neugierigen Nachbarn. Denn ins Haus wagte sich niemand, und von den sieben Brüdern kam nicht ein Einziger vor die Tür.

Am nächsten Tag sah man aber ein seltsames Schauspiel. Da zogen die sieben Faulen mit Spaten und Schaufeln zur Wiese des Vaters und machten einen tiefen Graben, in dem das Wasser aus den Sümpfen zur Weser geführt wurde, und in kurzer Zeit war das ganze Grundstück entwässert. Daraufhin errichteten sie am Ufer einen hohen Damm, zwischen den beiden Sandhügeln, die das väterliche Grundstück zu jeder Seite begrenzten, sodass die Ländereien gegen künftige Überschwemmungen geschützt wurden. In der ersten Zeit hatten die Nachbarn geglaubt, die sieben Brüder hätten sich wirklich gebessert und wären die fleißigsten Menschen der Welt geworden. Dann aber das

trockengelegte, schlammgedüngte Land im Verlauf des Sommers das schönste Gras und duftigen Klee, so dick und hoch, wie man es in der ganzen Gegend noch nie erlebt hatte. Als die sieben Brüder nun hinauszogen, um zu mähen, und den reichen Ertrag in die Scheune brachten, die sie in der Zwischenzeit erbaut hatten, da kamen ihre Tücke und Arglist an den Tag. »Der alte Vater«, sagten die Nachbarn, »war ein fleißiger Mann und scheute sein Leben lang keine Mühe. Der stand bis zu den Knien im Wasser und schnitt sein kümmerliches Gras, wenn etwas gewachsen war. Die Söhne haben sich das Ding bequemer gemacht. Sie haben keine Lust zu arbeiten.«

Jetzt kam der Herbst, und die sieben Faulen trugen Steine und Holz herbei und Holz und bauten ein großes Haus neben der Wohnung des Vaters. Der Bau ging so schnell voran und die Brüder waren so emsig dabei, dass ein Fremder die Brüder für fleißige Arbeiter gehalten hätte. Wer sie aber näher kannte, beäugte den Fleiß skeptisch. Auch wurde es bald bekannt, dass der Älteste sich eine Braut ausgesucht hatte und als am Ende des Herbstes die Hochzeit war und der junge Mann mit seiner Frau das neue Haus bezog, da sagten die Nachbarn: »Das Volk ist zu bequem! Sie befürchten, dass ihnen das alte Haus zu klein wird, und sind zu faul, um sich einzuschränken und mit Wenigem auszukommen.«

Als das Frühjahr kam, bestellten die Brüder das Land, und da sie bis zur Heuernte Muße hatten, so bauten sie noch fünf Häuser in einer Reihe neben dem Elternhaus. Das eine war noch bunter angestrichen als das andere, und sie schimmerten in allen Farben des Regenbogens. Da vermuteten die Nachbarn schon, was nun folgen würde, und als die Heuernte vorüber war, feierten die fünf anderen Söhne ihre Hochzeit mit Jubel und Musik, und ein jeder bezog mit seiner jungen Frau eins von den neuen Häusern – zum großen Ärger der frommen Nachbarn, die bescheiden und gottesfürchtig mit ihren Schwiegersöhnen unter einem Dach lebten. Der jüngste Sohn blieb im elterlichen Haus zurück; ihm hatte der älteste Bruder das Anrecht auf dasselbe abgetreten, zum Heiraten war er aber noch zu jung.

So standen also die sieben Häuser mit angemessenem Abstand zueinander in einer langen Reihe, von hinten und zu beiden Seiten von Obst- und Gemüsegärten umgeben, die sie durch dichte Dornhecken gegen das eindringende Wild zu schützen versuchten. Denn

sie waren zu träge, um wie die Nachbarn in den kalten Winternächten, die Hasen von ihrem Kohlacker zu verscheuchen und schliefen lieber.

Bald darauf baute sich jeder seinem Haus gegenüber Stallungen und Scheunen. Denn sie hatten jetzt reichliches Futter für ihre Kühe, und ihr Viehstand gedieh hervorragend. Auf diese Weise entstand eine lange und breite Straße, die sie zu beiden Seiten mit Lindenbäumen bepflanzten und in der Mitte mit Steinen pflasterten. Und wenn etwa ein Vorübergehender fragte, wie die schön belaubte Straße heiße, und wer darin wohne, was konnten die Nachbarn, wollten sie bei der Wahrheit bleiben, anderes antworten, als dass die Bewohner der Straße die sieben Faulen seien, welche nicht die Lust hätten, zum Oslebshauser Holz zu gehen, um die frische Waldluft zu genießen, wie es hier seit jeher Brauch war, und sich deshalb Laubgänge vor ihren eigenen Türen angelegt hatten. Auch seien sie zu faul, um die bei Regenwetter und schlechten Wegen verschmutzten Schuhe zu reinigen. Sie hätten deshalb lieber den kostbaren Steinweg angelegt, der sie auch bei der schlechtesten Witterung rein und sauber hielt, als wie auf dreckigen Wegen zu gehen. Denn sie scheuten auch die kleinste Mühe und seien für jede Arbeit verdorben.

Endlich kam die Zeit, dass auch der jüngste Bruder eine Frau traf. Mit Freuden trat ihm der Vater das Hausregiment ab, und die Hochzeit wurde ebenfalls mit großer Pracht gefeiert.

Viele Jahre lebten die Brüder also in größter Eintracht, und merkwürdig war, dass ihr Wohlstand von Tag zu Tag wuchs, während sie nur halb so geschäftig waren wie die Nachbarn. Sie gingen nicht ins Oslebshauser Holz, sie saßen des Nachts nicht im Kohl, um die Hasen zu vertreiben; wo es aber galt, etwas zustande zu bringen, wodurch sie sich in der Faulheit stärken konnten, da waren sie mit großer Anstrengung dabei.

Als sie später mitten in ihrer Straße anfingen zu graben und zu wühlen, schauten die Nachbarn neugierig über die Zäune und zerbrachen sich die Köpfe. Mit der Zeit aber entstand dort ein schöner Brunnen, und das Rätsel war gelöst. Das war das letzte von ihren Stücken, aber auch darin zeigte sich ihr angeborener Hang zur Trägheit. Lange schon ruhten die Eltern der sieben Faulen im Grabe, aber es gab noch viele unter den Nachbarn, die den rechtschaffenen Vater gekannt hatten. Wie viel tausendmal hatte der nicht in seinem Leben einen Eimer Wasser aus der Weser geholt! Und nun waren die Söhne und ihre Frauen zu stolz und zu träge, um das Wasser vom Fluss heraufzuschleppen, sodass der Brunnen gegraben wurde. Das war ihr letzter Streich, aber er sah ihnen ganz ähnlich.

Ob die Faulen nun nur faul waren oder ob ihr Einsatz doch bewundernswert war, das muss jeder für sich entscheiden. In Bremen gedenkt man der sieben Brüder jedenfalls noch heute, nicht zuletzt mit der Faulenstraße, wo eins die schönen Linden gestanden haben sollen.

Die Moorbraut

Durch das Teufelsmoor führte einst kaum ein Weg, denn einsame und unheimliche Gegend. An feuchten, kalten Tagen verhüllte dichter Nebel Baum und Strauch, Weg und Steg. In der lautlosen Stille klang jedes Geräusch geheimnisvoll und schauerlich. Im Herbst überschwemmte zudem die Hamme das Land und Stürme wühlten die Gewässer auf. Wolken flogen in gespenstischen Fetzen am Himmel dahin. In den langen Winternächten knarrte es unheimlich in den Eisflächen. Kein Wunder also, dass bei den Moorbauern viele Geschichten und Sagen von Unglück und Tod umgingen und dass man in Nacht und Nebel die Stimmen der Toten zu hören glaubte.

Dennoch lebten in dieser Gegend auch einige Menschen. Einer von ihnen war ein junger Moorbauer, der hatte ein Mädchen lieb, und die Hochzeit war nah. Am Tag zuvor lud er sein Schiff noch voll Torf und fuhr los, um ihn in der Stadt zu verkaufen, denn er brauchte Geld für das Fest. Es war schon spät im Herbst; die Wasser der Hamme bildeten einen See. Die Fahrt war schwer, da ein Sturm heraufgezogen war.

Am nächsten Tag erwartete die Braut den Verlobten zurück. Es wurde Abend, die Nacht kam. Das Mädchen stand nahe der Hamme und wartete angstvoll. Da sah sie, wie der Kahn mit Wind und Wogen kämpfte – und dann plötzlich zerbrach. Ihr Verlobter kehrte nicht zurück. Schwermut befiel das Mädchen.

An dunklen Sturmtagen lief sie Jahr für Jahr zur Hamme, und wenn man sie fragte, was sie wolle, so rief sie: »Mein Bräutigam kommt heute. Er hat mich gerufen.«

Und eines Tages, als wieder einmal dichter Nebel auf Land und Wasser lag, da lief die Moorbraut hinaus und in die Fluten – immer tiefer und tiefer, und die Wasser behielten sie. Aber ihre Seele fand keine Ruhe. Und an dunklen Nebeltagen hört man noch heute ihre klagende Stimme, die nach dem verlorenen Bräutigam ruft.

Fräulein Marie von Jever

Jedes Kind in Jever kennt die Geschichte von Fräulein Marie. Sie war die Tochter von Edo Wiemken, dem letzten Häuptling von Jever, einem überaus tapferen, aber auch grausamen Anführer. Nach seinem Tod übernahm seine Tochter die Herrschaft über das Land. Sie tat viel Gutes, war aber ebenso heldenmutig wie ihr Vater. Sie trug oft ein Panzerhemd, den Säbel an der Seite, und sie führte viele Kriege mit den benachbarten Häuptlingen.

Wie sie war, zeigt auch die folgende Begebenheit: Eines Tages kam Fräulein Marie auf dem Weg in die Stadt bei der Flaamport in Jever vorbei. Dort wohnte ein reicher Bäcker namens Hillers, dem ein als Hillersche Hamm benanntes Weideland gehörte. Der ehrsame Meister lebte in einem bescheidenen Häuschen und war auch sonst ein wenig knauserig. So spaltete er trotz seines Reichtums das Holz für seinen

Backofen selbst. Als er an diesem Tag wieder einmal mit dem Holz-hacken beschäftigt war und sich gerade bückte, kam in dem Moment Fräulein Marie vorbei. Beim Anblick der Bäckershose, die sich stramm über den Hintern des Bäckers spannte, konnte die Fürstin es sich nicht verkneifen und gab ihm einen Klaps auf den Allerwertesten. »Ver-dammt! Welcher Dummkopf macht denn solchen Unfug?«, rief der Bäckermeister da zornig, ohne sich umzudrehen. Fräulein Marie dachte aber, er wüsste ganz genau, dass sie es gewesen war, und erwiderte beleidigt: »Na warte, das wird dich teuer zu stehen kommen!« Und so geschah es. Bald hatte sie seinen großen Hamm vor der Stadt in ihren Besitz gebracht. Als die Stadt später belagert und in Brand gesteckt worden war und wiederaufgebaut wurde, teilte Fräulein Marie das Weideland vom Bäckermeister den neuen Bürgerhäusern als Grundstücke zu.

Um Fräulein Marie rankt sich jedoch vor allem eine Legende: die ihres Verschwindens. Die einen sagen, dass sie in einem gläsernen Wagen abgefahren und nicht zurückgekehrt sei. Die meisten aber erzählen, sie sei in einem unterirdischen Gang nach Jever verschwun-den, den sie von ihrem Schloss aus hatte graben lassen. Davon soll es

mehrere gegeben haben, einer führte nach Forst Upjever, ein anderer nach Marienhausen. Hier hatte Fräulein Marie ein festes Schloss erbaut und mit Wall und Graben versehen. Es trug auch ihren Namen und bestand noch lange nach ihrem Tode. In der Franzosenzeit wurde das Schloss jedoch verwüstet, und nur ein hoher Turm blieb davon übrig. Als man den abreißen wollte, fand man oben in der Kuppel eine Schrift von Fräulein Marie, worin sie befahl, dass der Turm für ewige Zeiten stehenbleiben solle. Deshalb ließ man ihn unangerührt, und so steht er noch bis heute.

Ebenso befahl sie, bevor sie das letzte Mal wegging, man solle so lange jeden Abend die Glocken läuten, bis sie wiederkäme. Und deshalb gibt es das Marienläuten noch immer: In Jever und in allen Kirchspielen des Landes läutet man im Sommer um neun und im Winter um zehn Uhr die Glocken. Während der Franzosenzeit stellte die Obrigkeit das Läuten ein, um die Stadt nicht an die Franzosen zu verraten, aber da fingen die Glocken von selbst an zu läuten. Als die Franzosen nun in der Stadt waren, empfanden sie das Marienläuten als störend und wollten es abschaffen. Aber auch da fingen die Glocken von selbst an zu läuten.

Man hat oft versucht, in die unterirdischen Gänge einzudringen, um zu sehen, wo Fräulein Marie geblieben sei. Aber alle, die es gewagt haben, sind nicht wieder ans Tageslicht gekommen. Nur einer hat es geschafft. Er berichtete, er habe hinter einer Tür in einem der Gänge einen Tisch mit drei brennenden Kerzen gesehen. Unter dem Tisch lag ein großer, schwarzer Hund, der ihn mit feurigen Augen anglotzte. Da eilte er schleunigst zurück.

Wegen der Gefahr hat man inzwischen die Eingänge zugeworfen. Aber viele glauben, Fräulein Marie werde noch einmal wiederkommen, denn dass sie noch lebt, sei durch die brennenden Lichter auf dem Tisch bewiesen.

Das Panzerhemd von Fräulein Marie ist auch heute noch auf dem Schloss zu Jever in einer Vitrine ausgestellt. Früher hat manchmal ein Besucher einen Ring von dem Panzer gelöst und zum Andenken mitgenommen, über Nacht ist der Ring aber immer wieder an seiner rechten Stelle gewesen.

Aschenputtel

Es war einmal ein reicher Mann im Weserbergland, dessen Frau krank wurde, und als sie fühlte, dass sie bald sterben würde, rief sie ihr einziges Töchterlein zu sich ans Bett und sprach: »Liebes Kind, bleib fromm und gut, so wird dir der liebe Gott immer beistehen, und ich will vom Himmel auf dich herabblicken und will immer bei dir sein.« Nach diesen Worten schloss sie für immer die Augen. Das Mädchen ging jeden Tag hinaus zum Grab der Mutter und weinte und blieb fromm und gut. Als der Winter kam, deckte der Schnee ein weißes Tüchlein auf das Grab, und als die Sonne im Frühjahr es wieder herabgezogen hatte, heiratete der Mann eine andere Frau.

Die Frau brachte zwei Töchter mit ins Haus, die schön anzusehen, aber garstig im Herzen waren. Da fing eine schlimme Zeit für das arme Stiefkind an. »Soll die dumme Gans bei uns in der Stube sitzen?«, sprachen die Töchter. »Wer Brot essen will, muss es verdienen: Hinaus mit der Küchenmagd.« Sie nahmen dem Mädchen seine schönen Kleider weg, zogen ihm einen alten grauen Kittel an und gaben ihm hölzerne Schuhe. »Seht mal die stolze Prinzessin, wie sie herausgeputzt ist!«, riefen sie, lachten und führten das Mädchen in die Küche. Da musste es von morgens bis abends schwere Arbeit tun, früh aufstehen, Wasser tragen, Feuer anmachen, kochen und waschen. Obendrein waren die Schwestern gemein zu ihm, verspotteten es und schütteten ihm die Erbsen und Linsen in die Asche, sodass es sitzen und sie wieder auslesen musste.

Abends, wenn es sich müde gearbeitet hatte, kam es in kein Bett, sondern musste sich neben den Herd in die Asche legen. Und weil es darum immer staubig und schmutzig aussah, nannten sie es Aschenputtel.

Einmal wollte der Vater zu einer Messe fahren, und so fragte er die beiden Stieftöchter, was er ihnen mitbringen solle. »Schöne Kleider«, sagte die eine. »Perlen und Edelsteine«, sagte die andere.

»Und du, Aschenputtel«, sprach er, »was willst du haben?«

»Vater, der erste junge Zweig, der dir auf dem Heimweg an den Hut stößt, den brich für mich ab.«

Er kaufte nun für die beiden Stiefschwestern schöne Kleider, Perlen und Edelsteine, und auf dem Rückweg, als er durch einen grünen Wald ritt, streifte ihn ein Haselzweig und stieß ihm den Hut ab. Da brach er den Zweig vom Strauch und nahm ihn mit. Als er nach Haus kam, gab er den Stieftöchtern, was sie sich gewünscht hatten, und Aschenputtel gab er den Haselbuschzweig. Aschenputtel dankte ihm, ging ans Grab der Mutter und pflanzte den Zweig darauf. Dabei weinte es so sehr, dass die Tränen es begossen. Es wuchs und wurde ein schöner Baum. Aschenputtel ging alle Tage dreimal dorthin, weinte und betete. Dann landete ein weißes Vöglein auf dem Baum, und wenn Aschenputtel einen Wunsch aussprach, so warf ihm das Vöglein herab, was es sich gewünscht hatte.

Es begab sich aber, dass der König ein Fest feiern wollte, das drei Tage dauern sollte und zu dem alle schönen jungen Frauen im Lande eingeladen wurden, damit sich sein Sohn eine Braut aussuchen konnte. Als die zwei Stiefschwestern hörten, dass sie auch dort erscheinen sollten, waren sie guter Dinge, riefen Aschenputtel und sprachen: »Kämm uns die Haare, bürste uns die Schuhe und mach uns die Schnallen fest, wir gehen zum Fest auf des Königs Schloss.« Aschenputtel gehorchte, weinte aber, weil es auch gern zum Tanz mitgegangen wäre, und es bat die Stiefmutter, sie möge es ihm erlauben. »Du, Aschenputtel«, sprach diese, »bist voller Staub und Schmutz und willst zum Fest? Du hast keine Kleider und Schuhe und willst tanzen!« Als das Mädchen aber mit Bitten anhielt, sprach sie endlich: »Da habe ich dir eine Schüssel Linsen in die Asche geschüttet. Wenn du die Linsen in zwei Stunden wieder ausgelesen hast, kannst du mitgehen.«

Das Mädchen ging durch die Hintertür in den Garten und rief: »Ihr zahmen Täubchen, ihr Turteltäubchen, und all ihr Vöglein unter dem Himmel, kommt herein und helft mir lesen. Die guten ins Töpfchen, die schlechten ins Kröpfchen.«

Da kamen zum Küchenfenster zwei weiße Täubchen herein und danach die Turteltäubchen, und endlich schwirrten und schwärmten alle Vöglein unter dem Himmel herein und ließen sich um die Asche nieder. Und die Täubchen nickten mit dem Köpfchen und fingen

– pick, pick, pick, pick – an, und da fingen die übrigen auch an – pick, pick, pick, pick – und lasen alle guten Körnlein in die Schüssel. Kaum war eine Stunde herum, so waren sie fertig und flogen alle wieder hinaus. Da brachte das Mädchen die Schüssel der Stiefmutter, freute sich und glaubte, sie dürfe nun mit auf das Fest gehen. Aber die sprach: »Nein, Aschenputtel, du hast keine Kleider und kannst nicht tanzen: Du wirst nur ausgelacht.« Als es nun weinte, sprach sie: »Wenn du mir zwei Schüsseln voll Linsen in einer Stunde aus der Asche reinlesen kannst, so sollst du mitgehen«, und dachte: »Das kann es ja auf keinen Fall.« Als sie die zwei Schüsseln Linsen in die Asche geschüttet hatte, ging das Mädchen durch die Hintertür in den Garten und rief: »Ihr zahmen Täubchen, ihr Turteltäubchen, und all ihr Vöglein unter dem Himmel, kommt und helft mir lesen, die guten ins Töpfchen, die schlechten ins Kröpfchen.« Da kamen wieder alle Vögel und ließen sich um die Asche nieder. Und die Täubchen nickten mit dem Köpf-chen und fingen – pick, pick, pick, pick – an, und da fingen die übrigen auch an – pick, pick, pick, pick – und lasen alle guten Körnlein in die Schüsseln. Und eh eine halbe Stunde um war, waren sie fertig und flogen alle wieder hinaus. Da trug das Mädchen die Schüsseln zur Stiefmutter, freute sich und glaubte, nun dürfte es mit auf das Fest gehen. Aber die Stiefmutter sprach: »Es hilft dir alles nichts: Du kommst nicht mit, denn du hast keine Kleider und kannst nicht tanzen. Wir müssten uns wegen dir schämen.« Darauf kehrte sie ihm dem Rücken zu und eilte mit ihren zwei stolzen Töchtern fort.

Als nun niemand mehr daheim war, ging Aschenputtel zu seiner Mutter ans Grab unter dem Haselbaum und rief: »Bäumchen, rüttel dich, Bäumchen, schüttel dich, wirf Gold und Silber über mich.« Da warf ihm der Vogel ein goldenes und silbernes Kleid herunter und mit Seide und Silber begestickte Pantoffeln. In aller Eile zog es das Kleid an und ging zum Fest. Seine Schwestern aber und die Stiefmutter erkannten es nicht und meinten, es müsse eine fremde Königstochter sein, so schön sah es in dem goldenen Kleid aus. An Aschenputtel dachten sie gar nicht und glaubten, es säße daheim im Schmutz und suche die Linsen aus der Asche. Der Königssohn kam ihm entgegen, nahm es bei der Hand und tanzte mit ihm. Er wollte auch mit sonst niemandem tanzen und die Hand nicht loslassen, und wenn ein anderer

kam, es aufzufordern, sprach er: »Das ist meine Tänzerin.« Es tanzte, bis es Nacht war, da wollte es nach Hause gehen. Der Königssohn aber sprach: »Ich gehe mit und begleite dich«, denn er wolle sehen, zu wem das schöne Mädchen gehöre. Sie entwischte ihm aber und sprang in das Taubenhaus ihres Vaters. Nun wartete der Königssohn, bis der Vater kam, und sagte ihm, das fremde Mädchen sei in das Taubenhaus gesprungen. Sollte er etwa Aschenputtel meinen?, dachte der Vater. Sie mussten ihm Axt und Beil bringen, damit er das Taubenhaus entzweischlagen konnte, aber es war niemand darin. Und als sie ins Haus kamen, lag Aschenputtel in seinen schmutzigen Kleidern in der Asche, und ein trübes Öllämpchen brannte im Schornstein; denn Aschenputtel war geschwind hinten aus dem Taubenhaus herabgesprungen und zum Haselnussbäumchen gelaufen. Da hatte es die schönen Kleider ausgezogen und aufs Grab gelegt, wo der Vogel sie wieder weggenommen hatte. Dann hatte es sich in seinem grauen Kittelchen in die Küche zur Asche gesetzt.

Am nächsten Tag, als das Fest von Neuem begann und die Eltern und Stiefschwestern wieder fort waren, ging Aschenputtel zum

Haselbaum und sprach: »Bäumchen, rüttel dich, Bäumchen, schüttel dich, wirf Gold und Silber über mich.« Da warf der Vogel ein noch viel stolzeres Kleid herab als am vorigen Tag. Und als es mit diesem Kleid auf dem Fest erschien, staunte jedermann über seine Schönheit.

Der Königssohn aber hatte gewartet, bis es kam, nahm es gleich bei der Hand und tanzte nur allein mit ihm. Wenn die anderen kamen und es aufforderten, sprach er: »Das ist meine Tänzerin.« Als es nun Nacht war, wollte es fort. Der Königssohn ging ihm nach und wollte sehen, in welches Haus es ging. Aber es sprang ihm fort und in den Garten hinter dem Haus. Darin stand ein großer schöner Baum, an dem die herrlichsten Birnen hingen, es kletterte wie ein Eichhörnchen zwischen die Äste, und der Königssohn wusste nicht, wo es hingekommen war. Er wartete aber, bis der Vater kam, und sprach zu ihm: »Das fremde Mädchen ist mir entwischt, und ich glaube, es ist auf den Birnbaum gesprungen.« Der Vater dachte: Sollte es Aschenputtel sein. Er ließ sich die Axt holen und hieb den Baum um, aber es war niemand darauf. Und als sie in die Küche kamen, lag da Aschenputtel dort in der Asche, wie sonst auch, denn es war auf der anderen Seite vom Baum

herabgesprungen, hatte dem Vogel auf dem Haselbäumchen die schönen Kleider wiedergebracht und sein graues Kittelchen angezogen.

Am dritten Tag, als die Eltern und Schwestern fort waren, ging Aschenputtel wieder zum Grab der Mutter und sprach zu dem Bäumchen: »Bäumchen, rüttel dich, Bäumchen, schüttel dich, wirf Gold und Silber über mich.« Nun warf ihm der Vogel ein Kleid herab, das so prächtig und glänzend war, wie es noch keines gehabt hatte, und die Pantoffeln waren ganz golden. Als es in dem Kleid zum Fest kam, wussten alle nicht, was sie vor Verwunderung sagen sollten. Der Königssohn tanzte ganz allein mit ihm, und wenn es einer aufforderte, sprach er: »Das ist meine Tänzerin.«

Als es nun Nacht war, wollte Aschenputtel fort, und der Königssohn wollte es begleiten, aber es entsprang ihm so geschwind, dass er nicht folgen konnte. Der Königssohn hatte aber eine List gebraucht und die ganze Treppe mit Pech bestreichen lassen, sodass der linke Pantoffel des Mädchens hängenblieb, als das Mädchen herabsprang. Der Königssohn hob ihn auf, und er war klein und zierlich und ganz golden. Am nächsten Morgen ging er damit zu dem Mann und sagte zu ihm: »Keine andere soll meine Gemahlin werden als die, an deren Fuß dieser goldene Schuh passt.« Da freuten sich die beiden Schwestern, denn sie hatten schöne Füße. Die Älteste ging mit dem Schuh in die Kammer und wollte ihn anprobieren, und die Mutter stand dabei. Aber sie konnte mit der großen Zehe nicht hineinkommen, und der Schuh war ihr zu klein. Da reichte ihr die Mutter ein Messer und sprach: »Hau den Zeh ab! Wenn du Königin bist, brauchst du nicht mehr zu Fuß zu gehen.« Das Mädchen hieb die Zehe ab, zwängte den Fuß in den Schuh, verbiss den Schmerz und ging hinaus zum Königssohn. Da nahm er sie als seine Braut aufs Pferd und ritt mit ihr fort. Sie mussten aber an dem Grab vorbei, wo die zwei Täubchen auf dem Haselbäumchen saßen und riefen: »Rucke di guh, rucke di guh, Blut ist im Schuh, der Schuh ist zu klein, die richtige Braut sitzt noch daheim.« Da blickte er auf ihren Fuß und sah, wie das Blut aus dem Schuh quoll. Er wendete sein Pferd, brachte die falsche Braut wieder nach Hause und sagte, das wäre nicht die richtige, die andere Schwester sollte den Schuh anziehen. Da ging diese in die Kammer und kam mit den Zehen glücklich in den Schuh, aber die Ferse war zu groß. Da reichte ihr die Mutter ein Messer

und sprach: »Hau ein Stück von der Ferse ab! Wenn du Königin bist, brauchst du nicht mehr zu Fuß zu gehen.« Das Mädchen hieb ein Stück von der Ferse ab, zwängte den Fuß in den Schuh, verbiss den Schmerz und ging hinaus zum Königssohn. Der nahm sie als seine Braut aufs Pferd und ritt mit ihr fort. Als sie an dem Haselnussbäumchen vorbeikamen, saßen die zwei Täubchen darauf und riefen: »Rucke di guh, rucke di guh, Blut ist im Schuh, der Schuh ist zu klein, die richtige Braut sitzt noch daheim.« Er blickte nieder auf ihren Fuß und sah, wie das Blut aus dem Schuh quoll. Da wendete er sein Pferd und brachte die falsche Braut wieder nach Hause. »Das ist auch nicht die richtige«, sprach er. »Habt ihr keine andere Tochter?«

»Nein«, sagte der Mann, »nur von meiner verstorbenen Frau ist noch das kleine Aschenputtel da. Das kann unmöglich die Braut sein.« Der Königssohn sprach, er sollte es heraufschicken, die Mutter aber antwortete: »Ach nein, das ist viel zu schmutzig, das darf sich nicht sehen lassen.« Er wollte es aber durchaus sehen, und Aschenputtel musste gerufen werden. Da wusch es sich die Hände und das Gesicht, ging zum Königssohn und verneigte sich vor ihm, der ihm den goldenen Schuh reichte. Dann setzte es sich auf einen Hocker, zog den Fuß aus dem schweren Holzschuh und steckte ihn in den Pantoffel, der wie angegossen passte. Und als sie sich in die Höhe richtete und der König ihm ins Gesicht sah, so erkannte er das schöne Mädchen, das mit ihm getanzt hatte, und rief: »Das ist die richtige Braut!« Die Stiefmutter und die beiden Schwestern erschraken und wurden bleich vor Ärger. Er aber nahm Aschenputtel aufs Pferd und ritt mit ihm fort. Als sie an dem Haselbäumchen vorbeikamen, riefen die zwei weißen Täubchen: »Rucke di guh, rucke di guh, kein Blut im Schuh, der Schuh ist nicht zu klein, die richtige Braut, die führt er heim.«

Die Gluckhenne

Der Himmel war trübe und bewölkt. Ein Häuflein armer, heimatloser Männer, Frauen und Kinder, fischte mit ihren Kähnen mitten im Strom der Weser. Sie hatten sich den Überfällen ihrer mächtigen Nachbarn entzogen. Ihr kleiner Besitz war von keinem Wert für die Räuber, denn sie hatten nichts als ein paar Bretterhütten und ihre Kähne und Netze. Die hätten sie gern den Räubern gegeben, wenn sich der Feind damit hätte abfinden lassen. Den Verlust konnten sie in wenigen Tagen ersetzen. Aber sie hatten noch ein anderes Gut, das der Feind anzutasten drohte, und das war die Freiheit. Die hielten sie höher als Gold, und sie wollten sie sich um jeden Preis bewahren.

So trieben sie im Fluss und blickten umher. Der Ort war schön und der Fluss fischreich, sodass sie sich gern an diesem Ufer niedergelassen hätten. Aber es war Abend, und sie waren sehr traurig, dass die Geister des Landes ihnen kein Zeichen gesandt und zu sich eingeladen hatten. Sie jammerten und klagten, dass sie nun weiterziehen mussten.

Da kam plötzlich ein Sonnenstrahl durch die Wolken und erhellte die ganze Landschaft mit einem wundersamen Glanz. Da bemerkten sie eine Henne, die für sich und ihre Küken einen sicheren Ruheplatz suchte, und jubelnd sprang alle aus den Booten, um der Henne zu folgen, die mit ihrer kleinen Schar einen Hügel hinaufging und sich

dort mit ihrer Brut im hohen Heidekraut verbarg. Sie beschlossen nun, dies Ereignis als ein günstiges Zeichen zu deuten und an der Stelle, wo die Henne ein schützendes Obdach gefunden hatte, ihre neue Heimat zu finden. Dieser Hügel sollte fortan Hort der Freiheit sein.

So wurde in uralter Zeit der Grundstein der Stadt Bremen gelegt, und da sich die neuen Ansiedler hauptsächlich vom Fischfang nährten, so darf man mit vollem Recht sagen, dass das Fischeramt das älteste in der Stadt ist. Die Henne mit ihren Kleinen sieht man deutlich ausgehauen über dem zweiten Rathausbogen. Sie gilt noch heute als ein Wahrzeichen der Stadt Bremen.

Der kleine Häwelmann

Es war einmal ein kleiner Junge, und der hieß Häwelmann. Nachts schlief er in einem Rollenbettchen und auch am Nachmittag, wenn er müde war. Wenn er aber nicht müde war, so musste seine Mutter ihn darin in der Stube umherfahren. Und davon konnte er nie genug bekommen.

Nun lag der kleine Häwelmann eines Nachts in seinem Bettchen und konnte nicht schlafen, die Mutter aber schlief schon lange daneben in ihrem großen Bett.

»Mutter!«, rief der kleine Häwelmann. »Ich will fahren!«

Die Mutter streckte im Schlaf den Arm aus dem Bett und rollte das kleine Bett hin und her, immer hin und her. Und wenn ihr der Arm müde werden wollte, so rief der kleine Häwelmann: »Mehr, mehr!«

Und dann ging das Rollen wieder von Neuem an. Dann aber schlief die Mutter gänzlich ein. Und so viel Häwelmann auch schreien mochte, sie hörte es nicht. Es dauerte nicht lang, da sah der gute alte Mond durchs Fenster, und was er da sah, war so niedlich, dass er sich vor lauter Rührung mit seinem Pelzärmel über das Gesicht fuhr, um sich die Tränen zu trocknen. So etwas hatte der alte Mond nämlich in seinem Leben noch nicht gesehen. Da lag der kleine Häwelmann mit offenen Augen in seinem Rollenbettchen und hielt das eine Beinchen wie einen Mastbaum in die Höhe, sein kleines Hemd hatte er ausgezogen und wie ein Segel an seiner kleinen Zehe aufgehängt. Dann nahm er ein Hemdzipfelchen in jede Hand und fing mit beiden Backen an zu blasen. Und allmählich leise, leise fing das Bettchen an zu rollen, über den Fußboden, dann die Wand hinauf, dann kopfüber die Decke entlang und die andere Wand wieder hinunter.

»Mehr, mehr!«, schrie Häwelmann, als er wieder auf dem Boden war. Und dann blies er wieder seine Backen auf, und dann ging es wieder kopfüber und kopfunter. Es war ein großes Glück für den kleinen Häwelmann, dass es Nacht war und die Erde auf dem Kopf stand, sonst hätte er doch gar zu leicht den Hals brechen können.

Als er dreimal die Reise gemacht hatte, guckte der Mond ihm auf einmal ins Gesicht. »Junge«, sagte er, »hast du noch nicht genug?«

»Nein«, schrie Häwelmann, »mehr, mehr! Mach mir die Tür auf! Ich will durch die Stadt fahren. Alle Menschen sollen mich fahren sehen.«

»Das kann ich nicht«, sagte der gute Mond, aber er ließ einen langen Strahl durch das Schlüsselloch fallen, und darauf fuhr der kleine Häwelmann zum Haus hinaus. Es war eigentlich ein großes Glück für ihn, dass er noch ein solch kleiner Junge war; sonst hätte er sich in dem engen Schlüsselloch doch zu leicht verletzen können.

Auf der Straße war es ganz still und einsam; die langen Häuser standen im hellen Mondschein und glotzten mit ihren schwarzen Fenstern recht dumm in die Stadt hinaus. Aber die Menschen waren nirgends zu sehen. Es rasselte laut, als der kleine Häwelmann in seinem Rollenbettchen über das Straßenpflaster fuhr. Und der gute Mond ging immer neben ihm und leuchtete. So fuhren sie Straßen aus, Straßen ein, aber die Menschen waren nirgends zu sehen. Als sie bei der Kirche vorbeikamen, da krähte auf einmal der große goldene Hahn auf dem Glockenturm. Da hielten sie still.

»Was machst du da?«, rief der kleine Häwelmann hinauf.

»Ich krähe zum ersten Mal!«, rief der goldene Hahn herunter.

»Wo sind denn die Menschen?«, rief der kleine Häwelmann hinauf.

»Die schlafen!«, rief der goldene Hahn herunter. »Wenn ich zum dritten Mal gekräht habe, dann wacht der erste Mensch auf.«

»Das dauert mir zu lange«, sagte Häwelmann, »ich will in den Wald fahren. Alle Tiere sollen mich fahren sehen!«

»Junge«, sagte der gute alte Mond, »hast du noch nicht genug?«

»Nein«, schrie Häwelmann, »mehr, mehr! Leuchte, alter Mond, leuchte!« Dann blies er die Backen auf, und der alte gute Mond leuchtete. So fuhren sie zur Stadt hinaus, übers Feld und in den dunkeln Wald hinein.

Der gute Mond hatte große Mühe, zwischen den vielen Bäumen durchzukommen. Mitunter war er ein ganzes Stück zurück, aber er holte den kleinen Häwelmann doch immer wieder ein. Im Wald aber war es still und einsam. Die Tiere waren nicht zu sehen, weder die Hirsche, noch die Hasen, auch nicht die kleinen Mäuse. So fuhren sie immer weiter, durch Tannen- und Buchenwälder, bergauf und bergab.

Der gute Mond ging immer nebenher und leuchtete in alle Büsche. Aber die Tiere waren nicht zu sehen. Nur eine kleine Katze saß oben in einer Eiche und funkelte mit ihren Augen. Da hielten sie still.

»Das ist der kleine Hinze«, sagte Häwelmann, »ich kenne ihn gut. Er will die Sterne nachmachen.«

Und als sie weiterfuhren, sprang die kleine Katze mit von Baum zu Baum.

»Was machst du da?«, rief der kleine Häwelmann hinauf.

»Ich illuminiere!«, rief die kleine Katze herunter.

»Wo sind denn die anderen Tiere?«, rief der kleine Häwelmann hinauf.

»Die schlafen!«, rief die kleine Katze herunter und sprang wieder einen Baum weiter. »Wenn ich mein letztes Auge zumache, so wacht der erste Maulwurf auf.«

»Das dauert mir zu lange«, sagte Häwelmann. »Ich will in den Himmel fahren. Alle Sterne sollen mich fahren sehen.«

»Junge«, sagte der gute alte Mond, »hast du noch nicht genug?«

»Nein«, schrie Häwelmann, »mehr, mehr! Leuchte, alter Mond, leuchte!« Und dann blies er die Backen auf, und der gute alte Mond

leuchtete, und so fuhren sie zum Walde hinaus, und dann über die Heide bis ans Ende der Welt und dann gerade in den Himmel hinein.

Hier war es lustig: Alle Sterne waren wach und funkelten, dass der ganze Himmel blitzte.

»Platz da!«, schrie Häwelmann und fuhr in den hellen Haufen hinein, dass die Sterne rechts und links vor Angst vom Himmel fielen.

»Junge«, sagte der alte gute Mond, »hast du noch nicht genug?«

»Nein«, schrie Häwelmann, »mehr, mehr! Und hast du nicht gesehen!«, fuhr er dem alten guten Mond gerade über die Nase, dass er ganz dunkelbraun im Gesicht wurde.

»Pfui!«, sagte der Mond und nieste dreimal. »Alles mit Maßen!«, und damit putzte er seine Laterne aus und alle Sterne machten die Augen zu. Auf einmal wurde es im ganzen Himmel so dunkel, dass man es mit Händen greifen konnte.

»Leuchte, alter Mond, leuchte!«, schrie der kleine Häwelmann, aber der Mond war nirgends zu sehen und auch die Sterne nicht. Sie waren alle zu Bett gegangen.

Da fürchtete sich der kleine Häwelmann sehr, dass er so allein im Himmel war. Er nahm seine Hemdzipfelchen in die Hände und blies die Backen auf. Aber er wusste weder aus noch ein, er fuhr hin und her, kreuz und quer, und niemand sah ihn fahren, weder die Menschen noch die Tiere, noch die Sterne. Da guckte endlich von unten, von ganz unten am Himmelsrand ein rotes, rundes Gesicht zu ihm herauf. Der kleine Häwelmann meinte, der Mond sei wieder aufgegangen.

»Leuchte, alter Mond, leuchte!«, rief er. Dann blies er wieder die Backen auf, fuhr quer durch den ganzen Himmel und gerade darauf zu.

Es war aber die Sonne, die eben aus dem Meer heraufkam.

»Junge!«, rief sie und sah ihm mit ihren glühenden Augen ins Gesicht. »Was machst du hier in meinem Himmel!« Und eins, zwei, drei! nahm sie den kleinen Häwelmann und warf ihn mitten in das große Wasser. Da konnte er schwimmen lernen.

Und dann?

Ja, und dann? Weißt du nicht mehr? Wenn ich und du nicht gekommen wären und den kleinen Häwelmann in unser Boot genommen hätten, so hätte er doch leicht ertrinken können.

Die schwarze Greet

Zwei arme Fischer, die auf dem Schleswiger Holm wohnten, hatten die ganze Nacht vergeblich gearbeitet und zogen zum letzten Mal ihre Netze wieder leer in ihren Kahn. Als sie nun traurig heimfahren wollten, erschien ihnen die schwarze Greet, die sich oft den dortigen Fischern zeigt. Sie stammt aus Margretenwerk, eine Stelle im Dannewerk in der Nähe von Haddebye auf der anderen Uferseite und erscheint in königlicher Pracht mit Perlen und Diamanten geschmückt, aber immer im schwarzen Kleid – ganz so, wie sie früher auf dem Husumer Schloss im sogenannten Margretensaal zu sehen war. Sie sprach zu den Fischern: »Legt eure Netze noch einmal aus. Ihr werdet einen reichen Fang machen. Den besten Fisch aber, den ihr fangt, müsst ihr wieder ins Wasser werfen.« Sie versprachen es und taten, wie die Greet es ihnen gesagt hat; der Fang war so überschwänglich groß, dass ihn der Kahn kaum fassen wollte.

Einer der Fische aber hatte Goldmünzen statt der Schuppen, Flossen aus Smaragd und auf der Nase Perlen. »Das ist der beste Fisch«, sprach der eine Fischer und wollte ihn wieder ins Wasser setzen. Aber der andere Fischer hielt ihn zurück und versteckte den Fisch unter dem übrigen Haufen, damit die Greet ihn nicht entdeckte. Dann ruderte er hastig zurück, denn ihm war unwohl zumute.

Ungern fügte sich sein Gefährte. Aber während sie heimfuhren, fingen die Fische im Boote allmählich an zu blinken wie Gold, denn der goldene Fisch machte die übrigen auch golden. So wurde die Ladung immer schwerer und schwerer, und der Kahn versank schließlich in der Tiefe, in die er den gierigen Fischer mit hinabzog. Der andere entkam zu seinem Glück und erzählte die Geschichte den anderen Holmer Fischern.

Die Bremer Stadtmusikanten

Es war einmal ein Mann, der hatte einen Esel, der schon lange Jahre die Säcke in die Mühle getragen hatte. Nun aber gingen die Kräfte des Esels zu Ende, sodass er nicht mehr arbeiten konnte. Deshalb dachte der Mann daran, ihn wegzugeben. Der Esel merkte, was sein Herr im Sinn hatte, lief fort und machte sich auf den Weg nach Bremen. Dort, so meinte er, könnte er ja Stadtmusikant werden.

Als er schon eine Weile unterwegs war, fand er einen Jagdhund am Wegesrand, der jämmerlich heulte.

»Warum heulst du denn so?«, fragte der Esel.

»Ach«, sagte der Hund. »Weil ich alt bin, jeden Tag schwächer werde und auch nicht mehr auf die Jagd kann, hat mein Herr mich vom Hof gejagt und meinem Schicksal überlassen. Aber womit soll ich nun mein Brot verdienen?«

»Weißt du was?«, sprach der Esel. »Ich gehe nach Bremen und werde dort Stadtmusikant. Komm mit und mach auch Musik. Ich spiele die Laute, und du schlägst die Pauken.«

Der Hund war einverstanden, und sie gingen zusammen weiter.

Es dauerte nicht lange, da sahen sie eine Katze am Weg sitzen, die machte ein Gesicht wie drei Tage Regenwetter.

»Was ist denn dir in die Quere gekommen, alter?«, fragte der Esel.

»Wer würde lustig sein, wenn es einem an den Kragen geht?«, antwortete die Katze. »Weil ich nun alt bin, meine Zähne stumpf werden und ich lieber hinter dem Ofen sitze und schlafe, als nach Mäusen zu jagen, hat mich mein Frauchen verstoßen. Ich konnte mich zwar noch davonschleichen, aber nun ist guter Rat teuer. Wo soll ich jetzt hin?«

»Komm mit uns nach Bremen! Du verstehst dich doch auf die Nachtmusik, da kannst du Stadtmusikant werden.«

Die Katze hielt das für eine gute Idee und ging mit.

Irgendwann kamen die drei an einem Hof vorbei. Da saß der Haushahn auf dem Tor und schrie aus Leibeskräften.

»Dein Schrei geht einem durch Mark und Bein«, sprach der Esel. »Was ist denn los?«

»Die Hausfrau hat der Köchin befohlen, mir heute Abend einzufangen. Morgen, am Sonntag, haben sie Gäste, da soll ich in die Suppe. Nun schrei ich aus vollem Hals, solange ich noch kann.«

»Ach was«, sagte der Esel, »zieh lieber mit uns fort, wir gehen nach Bremen. Etwas Besseres als den Tod findest du überall. Du hast eine gute Stimme, und wenn wir gemeinsam musizieren, wird es herrlich klingen.«

Dem Hahn gefiel der Vorschlag, und sie gingen alle vier zusammen weiter.

Sie konnten die Stadt Bremen jedoch nicht an einem Tag erreichen, und so kamen sie abends in einen Wald, wo sie übernachten wollten. Der Esel und der Hund legten sich unter einen großen Baum, die Katze kletterte auf einen Ast, und der Hahn flog bis in den Wipfel, wo es am sichersten für ihn war.

Ehe er einschlief, sah er sich noch einmal nach allen vier Himmelsrichtungen um. Da bemerkte er einen Lichtschein. Er sagte seinen Gefährten, dass in der Nähe ein Haus sein müsse, denn er sehe ein

Licht. Der Esel antwortete: »So wollen wir uns aufmachen und noch hingehen, denn hier schläft es sich schlecht.«

Der Hund meinte, ein paar Knochen und etwas Fleisch daran täten ihm auch gut.

Also machten sie sich auf den Weg dorthin, wo das Licht war. Je näher sie kamen, desto größer wurde es, bis sie vor einem hell erleuchteten Räuberhaus standen. Der Esel, als der Größte von ihnen, schaute durchs Fenster hinein.

»Was siehst du, Grauschimmel?«, fragte der Hahn.

»Was ich sehe?«, antwortete der Esel. »Einen gedeckten Tisch mit schönem Essen und Trinken, und Räuber sitzen rundherum und lassen es sich gutgehen!«

»Das wäre etwas für uns«, sprach der Hahn.

Da überlegten die Tiere, wie sie es anfangen könnten, die Räuber hinauszujagen. Endlich hatten sie eine Idee. Der Esel stellte sich mit den Vorderhufen auf das Fenster, der Hund sprang auf des Esels Rücken, die Katze kletterte auf den Hund, und zuletzt flog der Hahn hinauf und setzte sich der Katze auf den Kopf. Als das geschehen war, fingen sie auf ein Zeichen an, ihre Musik zu machen: Der Esel schrie, der Hund bellte, die Katze miaute, und der Hahn krähte. Dann stürzten sie durch das Fenster in die Stube hinein, dass die Scheiben klirrten.

Die Räuber fuhren bei dem entsetzlichen Geschrei in die Höhe. Sie meinten, ein Gespenst käme herein, und flohen in größter Furcht in den Wald.

Nun setzten sich die vier Gesellen an den Tisch, und jeder aß nach Herzenslust von den Speisen, die ihm am besten schmeckten. Als sie fertig waren, löschten sie das Licht, und jeder suchte sich eine Schlafstätte nach seinem Geschmack. Der Esel legte sich auf den Mist, der Hund hinter die Tür, die Katze auf den Herd bei der warmen Asche, und der Hahn flog auf das Dach hinauf. Und weil sie müde waren von ihrem langen Weg, schliefen sie bald ein.

Als Mitternacht vorbei war und die Räuber von Weitem sahen, dass kein Licht mehr im Haus brannte und alles ruhig schien, sprach der Hauptmann: »Wir hätten uns doch nicht so schnell verjagen lassen sollen.« Er schickte einen Räuber zurück, um nachzusehen, ob noch jemand im Hause wäre.

Der Räuber fand alles still. Er ging in die Küche und wollte ein Licht anzünden. Da sah er die feurigen Augen der Katze und meinte, es wären glühende Kohlen. Er hielt ein Streichholz daran, damit es Feuer fing. Aber die Katze verstand keinen Spaß, sprang ihm ins Gesicht und kratzte ihn aus Leibeskräften. Da erschrak er gewaltig und wollte zur Hintertür hinauslaufen. Aber der Hund sprang auf und biss ihn ins Bein. Als der Räuber über den Hof am Misthaufen vorbeirannte, gab ihm der Esel noch einen tüchtigen Tritt mit dem Hinterhuf. Der Hahn aber, der von dem Lärm aus dem Schlaf geweckt worden war, rief vom Dach herunter: »Kikeriki!«

Da lief der Räuber, was er konnte, zu seinem Hauptmann zurück und sprach: »In dem Haus sitzt eine fürchterliche Hexe, die hat mich angefaucht und mir mit ihren langen Fingern das Gesicht zerkratzt. An der Tür steht ein Mann mit einem Messer, der hat mir ins Bein gestochen. Auf dem Hof steht ein schwarzes Ungetüm, das hat mit einem Holzprügel auf mich eingeschlagen. Und oben auf dem Dach sitzt der Richter, der rief: ›Bringt mir den Schelm her!‹ Da bin ich schnell fortgerannt.«

Von nun an trauten sich die Räuber nicht mehr in das Haus. Den vier Bremer Stadtmusikanten aber gefiel es darin so gut, dass sie nicht wieder hinauswollten.

Till Eulenspiegel

Es war einmal vor vielen Jahren im Braunschweiger Land ein sehr aufgeweckter Junge, den seine Eltern Till Eulenspiegel nannten. Sein schelmischer Charakter war einzigartig. Dennoch konnte sie bei seiner Geburt nicht ahnen, dass er eines Tages für seinen »Eulenspiegeleien« weltberühmt werden sollte. Till machte sich gerne über die Leute lustig und war immer bereit, neue Streiche auszuhecken.

Oft kamen die Nachbarn in die Schmiede seines Vaters, um sich zu beschweren. »Herr, Ihr Sohn ist wirklich schlecht erzogen«, sagten sie, doch Tills Vater gab nicht viel auf die Beschwerden und Gerüchte. Er ist ein ausgelassenes Kind. Er wird sich bessern, wenn er älter wird, dachte er. Aber Tag für Tag wiederholten sich die Klagen. Schließlich verlor Tills Vater die Geduld und belehrte seinen Sohn: »Ich habe deine Dummheiten satt, alle reden nur schlecht von dir. Wenn du dich nicht änderst, wirst du Ärger mit mir bekommen.« Aber sein Sohn, der auf alles eine Antwort wusste, sagte ihm mit unschuldigem Gesichts-ausdruck: »Ich tue niemandem etwas! Ich weiß nicht, was sie alle wollen!« Hier unterbrach ihn der Vater ungeduldig: »Nun gut, wir werden sehen, ob du recht hast, morgen gehen wir gemeinsam zum Markt. Untersteh dich, dort deine Streiche zu machen.«

Während der Nacht dachte sich Till jedoch einen neuen Streich aus. Wahrhaftig: Am nächsten Morgen, sobald er hinter seinem Vater aufs Pferd gestiegen war, befestigte er einen Zettel auf seinem Rücken, auf dem geschrieben stand: »Wer diesen Zettel liest, ist ein Dummkopf!«

So erreichten sie den Markt, und während sie durch die Menge ritten, erbosten sich viele der Leute, die den Zettel gelesen hatten. Einige von ihnen beschimpften nun ihrerseits in ihrer Verärgerung den Jungen, sodass Tills Vater, der völlig nichtsahnend war, erstaunt zu seinem Sohn sprach: »Du hast recht, die Menschen lieben dich nicht. Setz dich vor mich. Wenn sie dich weiter beschimpfen, bekommen sie es mit mir zu tun!«

Also wechselte Till den Platz, befestigte aber, von seinem Vater ungesehen, den Zettel an seinem Hals, und folglich rissen die

Beschimpfungen nicht ab. Sein Vater, der den Grund für so viel Groll nicht verstand, kam nicht umhin zu sagen: »Ich bedauere, dass die Menschen so böse zu dir sind. Aber dein Vater liebt dich«, und er küsste Till auf die Wange.

Till fuhr fort, jedermann Streiche zu spielen, doch sein Vater ärgerte sich trotz der Klagen nicht mehr. Zu dieser Zeit machte eine Gruppe umherziehender Gaukler in der Stadt Station: Narren, Schwertschlucker und Artisten waren in den Straßen zu sehen. Till liebte vor allem die Akrobaten, die mit einer Stange in der Hand abenteuerlich über ein Seil balancierten.

Eines Tages fragte er einen von ihnen, ob er es selbst auch einmal versuchen dürfe. Aber als Antwort erhielt er nur eine Ohrfeige. Daraufhin begab er sich in den Wald, nahm ein Seil, befestigte es zwischen zwei Bäumen und übte. Er stürzte oft, aber langsam machte er Fortschritte, sodass er bald glaubte, genauso gut wie die Akrobaten des Zirkus zu sein. Er war bereit, eine Vorstellung zu geben, daher lief er durch die Stadt und rief: »Kommt alle her und staunt, wie Till, der Akrobat auf dem Seil tanzt.« Als die Einwohner hörten, dass der Schelm Till ein solch gefährliches Kunststück unternehmen wollte, kamen sie zahlreich zusammen, in der Hoffnung ihn abstürzen zu sehen. Till hatte das eine Ende des Seils am Balkon seines Hauses befestigt und das andere an einem Baum am gegenüberliegenden Flussufer. Kaum hatte er begonnen, auf dem Seil über das Wasser zu balancieren, erschien seine Mutter auf dem Balkon, die nicht ahnte, was ihr Sohn da wieder anstellte.

Als sie ihren Sohn mit einer Stange in den Händen auf dem Seil tanzen sah, erstarrte sie vor Angst. Die gute Frau rief: »Till! Auf der Stelle kommst du herunter!« Als aber ihr Sohn nicht gehorchte und seine Vorstellung unbeeindruckt fortführte, wurde sie böse, und ohne über die Folgen ihrer Tat nachzudenken, nahm sie eine Schere und zerschnitt das Seil. Till fiel in den Fluss. Da er schwimmen konnte, schaffte er es, das Ufer zu erreichen. Alle Welt lachte über den Jungen. Einige schrien: »He, Akrobat! Sei froh, dass unter dem Seil nur Wasser war und nicht der bloße Boden. Das hätte ordentlich wehgetan.« Andere riefen: »Das geschieht dir recht! Das ist die Strafe für all die bösen Streiche, die du uns gespielt hast!« Durchnässt stieg Till aus dem Fluss, doch schien er weder traurig noch gedemütigt, im Gegenteil: Als er sah, wie die Menge sich über ihn lustig machte, rief er aus: »Ich werde euch schon zeigen, zu was ich alles fähig bin!« Zu Hause bekam Till zwei Standpauken, eine vom Vater und eine von seiner Mutter, von seiner Idee jedoch rückte er nicht ab. Er entschloss sich sogar, seine akrobatischen Fähigkeiten auf dem großen Marktplatz zu zeigen. Eines Tages, als seine Eltern außerhalb der Stadt waren, nutzte er die Gelegenheit, um durch die Straßen zu laufen und seine Vorstellung anzukündigen.

Wieder versammelte sich eine große Menge, um ihn auf dem Seil balancieren zu sehen. Dieses Mal wollte er die Übung schwieriger gestalten und bat die Menge: »Gebt mir alle einen von euren Schuhen. Ich werde sie in diesen Sack stecken, den ich auf meiner Schulter trage, während ich das Seil überquere.« Alle brachten ihm unter Gelächter und Scherzen einen Schuh, und Till begann seine Vorstellung. Als er aber über der Mitte des Platzes war, hoch über den Leuten, schüttete er den Inhalt des Sackes über ihren Köpfen aus. Was folgte, war ein großes Durcheinander. Im Gedränge versuchte jeder, mit Gebrüll

seinen Schuh zu finden, und im Handumdrehen war eine Prügelei ausgebrochen.

Und bevor die Leute erkannten, wer die Rauferei angezettelt hatte, war Till Eulenspiegel verschwunden und hatte sich ein sicheres Versteck gesucht, um das Spektakel zu genießen.

Als er älter wurde und sein Elternhaus verließ, unternahm Till Eulenspiegel viele Reisen und zog von Stadt zu Stadt.

So kam er eines Tages nach Braunschweig und dort an einer Bäckerstube vorbei, aus der es köstlich roch. Oh, dachte er, das kann nett werden. Er ging in die Backstube und gab sich dort als Bäckergeselle aus, was den Meister sehr freute, denn der suchte gerade eine helfende Hand.

Zwei Tage ging alles gut, dann sagte der Bäckermeister eines Nachts zu Till, er möge die Arbeit nun alleine verrichten. Er war zu müde und wollte ins Bett gehen.

»Was soll ich backen?«, fragte Till.

Doch sein Chef war übellaunig und fuhr Till unwirsch an: »Eulen

und Meerkatzen! Du bist Geselle, dann musst du wissen, was du backen sollst.« Und damit verschwand er.

Till tat, wie man ihm gesagt hatte. Er backte die ganze Nacht. Als der Meister am nächsten Morgen in der Tür zur Backstube stand, traute er seinen Augen nicht. Nirgendwo war auch nur ein Brötchen oder gar Brot zu finden, sondern nur Eulen und Meerkatzen.

Da trieb er Till Eulenspiegel aus dem Haus, verlangte aber noch von ihm, den verbrauchten Teig zu bezahlen. Dann packte er ihm alle Meerkatzen und Eulen ein, denn die wollte er nicht in seinem Laden haben.

Nun war es aber so, dass am nächsten Tag Nikolaus war. Und so stellte sich Till mit seinem Backwerk vor die Tür der Kirche, um die Leckereien den Kindern anzubieten. Die nahmen ihm das Naschwerk gerne ab, und bald hatte Till viel mehr verdient, als er je für den Teig ausgegeben hatte.

Als der Bäckermeister davon hörte, wollte er sich glatt das Geld wiedergeben lassen. Doch Till Eulenspiegel war längst über alle Berge.

An einem anderen Tag machte er in Bremen Station, wo er, man mag es kaum glauben, ein riesengroßes Fass auf den Marktplatz rollte.

Als die Bäuerinnen am Morgen mit ihren Milcheimern kamen, deren Inhalt sie gut verkaufen wollten, da sprach er die Frauen einfach an. »Füllt eure Milch hier in mein Fass«, sagte er. »Ihr sollt gutes Geld dafür bekommen.«

Die Bäuerinnen hofften auf ein gewinnbringendes Geschäft, und eine nach der anderen leerte ihren Eimer in Tills Fass. Als das Fass randvoll war, da richtete Till Eulenspiegel das Wort an alle Anwesenden. »Liebe Frauen«, begann er, »ich habe heute leider kein Geld bei mir, sodass ich eure Milch gar nicht bezahlen kann. Seid doch so lieb und kommt in zwei Wochen wieder, dann will ich euch die Milch bezahlen.«

Das wollten die Frauen natürlich nicht, und sie protestierten laut: »Gib uns unsere Milch sofort zurück!«

»Nehmt sie euch doch«, lachte Till.

Nun begann eine Rangelei unter den Frauen, die in Bremen so noch keiner gesehen hatte. Jede wollte die Erste am großen Fass sein und ihren Anteil wieder aus dem Bottich holen. Die eine schubste die

andere weg, und bald war mehr Milch auf dem Boden als im Fass oder in den Eimern.

Zwei Bäuerinnen stritten so heftig, dass schließlich das ganze Fass umkippte und sich der Inhalt, die kostbare Milch, wie ein See über den ganzen Marktplatz verteilte. Und wo war Till Eulenspiegel? Natürlich verschwunden.

Als Till Eulenspiegel einmal in Rostock war, da kam er auf die Idee, alle Schneider aus der Umgebung anzuschreiben, um sie zu einem Seminar in die Stadt zu bitten. Dabei wollte er ihnen von ganz bahnbrechenden Dingen des Schneiderhandwerks berichten.

Natürlich nahmen alle Schneider der Umgebung die Einladung an. Wer möchte so einen Vortrag schon verpassen! Als sie zur verabredeten Stunde in dem Saal, den Till dafür eigens angemietet hatte, eingetroffen waren, da begann Eulenspiegel sogleich mit seinen Ausführungen.

»Meine Herren«, sagte er, »ich möchte euch gerne berichten, dass ihr nur eine Schere, einen Faden, einen Fingerhut und ein gutes Stück Stoff benötigt, um euer Handwerk auszuüben. Aber vergesst nie, in

den Faden nach dem Einfädeln in das kleine Nadelöhr einen Knoten zu machen, denn sonst rutscht er euch wieder raus.«

Die Schneider sahen sich irritiert an. War das nicht das, was sie sowieso jeden Tag taten? Wo waren die Neuigkeiten, was sollten sie hier lernen?

Einem der Schneider wurde es schließlich zu bunt. »Das alles wissen wir seit tausend Jahren«, rief er aus dem Zuschauerraum Till Eulenspiegel zu. »Wie alt bist du?«, wollte dieser wissen.

Der Gefragte antwortete: »45 Jahre.«

»Wie kannst du das alles dann hier schon seit tausend Jahren wissen?«, fragte Till nun. Da war der Schneider sehr verdutzt.

Und alle sahen sehr schnell ein, dass auch sie von Till Eulenspiegel veralbert worden waren. Als sie ihn aber aus der Halle jagen wollten, war er schon weg.

Manche Leute dachten tatsächlich, dass sie Till Eulenspiegel gewachsen seien, und verlangten eines Tages von ihm, dass er einem Esel das Lesen beibringen solle. Natürlich nahm Till die Herausforderung an, sagte aber, dass er wohl rund zwanzig Jahre dafür brauchen würde. Das sahen

die Leute, die ihm den Auftrag erteilt hatten, wohl ebenso. Und schnell war man sich einig darüber, was Till als Lohn bekommen solle. Fünfhundert Taler sofort, fünfhundert Taler, sobald der Esel lesen könne.

Von nun an übte Till jeden Tag mit dem Tier. Er legte dazu ein großes altes Buch in die Futterkrippe, zwischen dessen Seiten er jedes Mal etwas Hafer legte. Das hatte der Esel bald spitz, und so lernte er tatsächlich, mit seinem Maul Blatt für Blatt umzublättern, sodass es für Außenstehende aussah, als würde er lesen.

Nach einer Woche Übung ließ Till Eulenspiegel seine Herausforderer im Stall antanzen. »Seht«, sagte er zu ihnen, »was der Esel nur in sieben Tagen gelernt hat.« Er legte das alte Buch in die Krippe, allerdings hatte er dieses Mal keinen Hafer zwischen den Seiten versteckt und außerdem dem Esel einen ganzen Tag lang nichts zu fressen gegeben.

Das hungrige Tier stürzte sich auf das Buch, blätterte, so wie es gelernt hatte, die Seiten mit dem Maul um. Zwei, drei, doch als sich auch hinter der vierten Seite noch immer keine Belohnung versteckte, wurde der Esel ungeduldig und rief so laut er konnte: »I-a. I-a.«

Till Eulenspiegel sah die Männer an. »Seht ihn nun, zwei Buchstaben hat er bereits gelernt. Morgen beginne ich mit dem O und dem U.«

Als die Herausforderer diese Worte hörten, da wussten sie, dass auch sie nicht schlau genug für Till Eulenspiegel gewesen waren. Doch noch ehe sie ihn zur Rede stellen konnten, war er wieder einmal verschwunden.

Viele Jahrhunderte sind seitdem vergangen, aber von Generation zu Generation pflegt man die Erinnerung an die großartigen Streiche, die Till Eulenspiegel ganzen Städten gespielt hat. Und obwohl das alles lange her ist, erinnert man sich vielerorts bis heute an den tollkühnen Till Eulenspiegel.

Nis Puk

Ein Nis Puk ist ein besonderer Gesell: Er wohnt allein, aber nicht in den einsamen Hügeln der Feldmark, sondern in den Häusern, Scheunen und Ställen der Menschen, oft auch in den Holzstapeln auf den Hofplätzen. Er ist also ein richtiger Hausgeist. In finsteren, verborgenen Winkeln macht er es sich gemütlich, sei es im Keller, unter der Treppe, im Gebälk der Hausböden oder gar hoch oben vor dem Giebelloch. Er verschwindet vor jedem, der sich ihm nähert. Wer sehr früh morgens aufsteht oder nachts nach dem Vieh sieht, der hat ihn vielleicht schon einmal auf dem Hahnenbalken oder auf der Häckselkiste sitzen oder zwischen dem Vieh umhergehen sehen. An Winterabenden schleicht er sich wohl unter den warmen Ofen und macht der Katze den Platz streitig. Dann sieht er zu, was die in der Stube versammelten Hausbewohner so treiben, wie die Frauen spinnen und Wolle kratzen, die Männer Strohseile drehen, Besen binden und

Körbe flechten. Will man ihn dort nicht haben, so braucht man nur Feuerzange und Schaufel kreuzweise vor den Ofen zu legen. Wenn ein Nis Puk in einem Haus zu wohnen begehrt, trägt er einen Haufen Späne zusammen, füllt die Milchfässer mit Milch an, aber beschmutzt sie mit allerhand Viehdreck. Wenn der Hausvater das nun bemerkt, so trinke er nur ohne Sorge mit seinem Hausgesinde die Milch und räume den Spanhaufen nicht weg Das ist ein Zeichen für Nis Puk, und er bleibt im Haus.

Ein Nis Puk ist ein kleines Kerlchen, nicht höher als einen Meter, andere sagen, er sei so groß wie ein dreijähriges Kind. Er ist aber breit und untersetzt und von übermenschlicher Kraft. Die Arme sind lang, die Beine krumm und dünn; der Kopf ist verhältnismäßig groß, der Mund breit, das Gesicht von einem struppigen Bart umrahmt; die Augen sind groß und blicken scharf und klug umher. Er trägt eine eng anliegende rote Weste mit blanken Knöpfen, schwarze oder rote Kniehosen, weißen Wollstrümpfe und ein graues Wams. Auf dem Kopf hat er eine rote oder grüne Zipfelmütze, manchmal auch einen roten dreieckigen Hut. Die Füße stecken in großen Holzschuhen mit aufwärtsgebogener Spitze und einem eisernen Reifen, welcher der Kante Festigkeit gibt. In den Holzschuh legt er Stroh, um die Füße warmzuhalten. Die freien Strohhalme ragen hinten aus dem Schuh heraus und wippen beim Gehen auf und ab. Man macht sich ihm zum Freund, wenn man ihm weiche, wollene Fußbekleidung auf den Boden stellt. Ist er wütend, so tritt er so schwer auf, dass es dröhnt und die Bretter sich biegen, wenn er über den Hausboden geht, als ginge der schwerste Mann darüber.

Ein Nis Puk ist ein launischer, eitler Bursche und leicht beleidigt. Verärgert man ihn, dann rächt er sich durch allerlei Schabernack oder gibt seinen Unmut durch boshafte Streiche zu erkennen. Behandelt man ihn aber mit Respekt, so bleibt er gutmütig und bringt dem Haus Segen und Wohlstand. Wer ihn zum Freund hat, dem hilft er heimlich bei seinen Arbeiten: Er füttert das Vieh, dass es vortrefflich gedeiht, behütet die Kühe, achtet auf die Futtervorräte, wirft des Nachts Heu und Garben vom Boden, schneidet Häcksel, fegt die Tenne, striegelt Pferde und Kühe, sorgt für mühelose Buttergewinnung, besänftigt wütende Sauen, holt heilsame Kräuter für die kranken Tiere. Dann

sagt man wohl: »Da regiert Nis Puk« oder »Nis Puk muss gearbeitet haben«.

Wohnt ein Nis Puk im Haus, so muss man darum gut Freund mit ihm bleiben. Er will, dass ihm täglich ein Napf mit süßer Grütze oder Milch an einen bestimmten Ort gestellt wird. Butter isst er besonders gerne; ein Stückchen sollte man ihm immer in den Brei hineintun. Bei Festlichkeiten im Haus wird ihm ein Anteil von der Festmahlzeit auf den Hausboden gestellt. Dann sitzt er wohl auf der obersten Stufe der Bodentreppe, auf dem einen Knie ein Teller voll Reisgrütze, mit Zucker und Zimt bestreut und mit einem Butterloch in der Mitte, neben sich eine Schale voll süßem Johannisbeerensaft, den Holzlöffel in der Rechten, das Gesicht strahlend vor Wohlbehagen.

Geht es ihm in einem Haus nicht gut, so zieht er aus oder er stiehlt, nascht, schafft überall Unordnung, sodass es selbst mit einer geordneten Wirtschaft durch sein Treiben bergabgehen kann.

Abends will er zur rechten Zeit Ruhe im Haus haben. Faulheit und Trägheit der Bewohner sind ihm zuwider, und er erwartet von den Menschen die gleich pflichtbewusste Arbeit. Bereitet man ihm Ärger, häuft sich der Schmutz, werden die Tiere vernachlässigt oder stört man mit nächtlichem Lärm sein geheimnisvolles Treiben, so rächt er sich empfindlich: Die Hühner legen keine Eier mehr, die Kälber sterben, die Kühe geben wenig Milch, und man kann sich stundenlang erfolglos am Butterfass abarbeiten. Stehen die Pferde morgens müde und verschwitzt im Stall, dann hat Nis Puk einen nächtlichen Ritt gemacht.

Es ist nicht leicht, den Aufgebrachten zu versöhnen. Gibt man sich damit keine Mühe, so verlässt er den Hof, bis der völlig heruntergewirtschaftet in andere Hände übergeben werden muss. Dann kommt er jedoch meist wieder, um es mit dem neuen Besitzer zu versuchen.

Der Klabautermann

Mit verschränkten Armen stand der alte Lotse Martin Koch an der Spitze des Blankeneser Fährhauses und schaute nachdenklich auf die Elbe. Neben dem Seemann stand Jakob, sein jüngster Sohn, der einzige, der ihm von vier hoffnungsvollen Jungen geblieben war, denn die anderen drei waren ertrunken.

Der Wind spielte mit den Wipfeln der alten Linden und trieb das gelbliche Laub vor sich her.

Jakob wurde langsam ungeduldig und rüttelte den Vater am Arm: »Worüber denkst du nach? Ich stehe hier nun schon längere Zeit und kann auf der Elbe nichts Besonderes sehen. Sie liegt ganz ruhig da. Wir werden eine glückliche Fahrt haben.«

»Vielleicht«, brummte der Vater.

»Ich bin mir sicher«, sagte Jakob. »Seit dem anhaltenden Ostwind haben sich in der Nordsee und an der Mündung viele Schiffe gesammelt, und der seit heute wehende Nordwest führt sie uns zu. Wir werden große Beute machen.«

»Oder lassen sie zurück.«

»Du hast wieder einmal einen schlechten Tag«, entgegnete der Sohn. »Da darf kein Mensch ein Wort sagen, oder du brummst stundenlang.«

»Junge!«, rief der Vater und zeigte nach Westen. »Weißt du nicht, dass ich dort draußen heute vor vier Jahren deine Brüder vor meinen Augen ertrinken sah?«

Jakob errötete, und seine Augen füllten sich mit Tränen. »Ich weiß. Alle drei! Sie gingen am Morgen fröhlich zur See hinaus und kamen nicht zurück.«

Der Alte bedeckte die Augen mit der Hand und sagte leise: »Gott nehme ihre Sünden von ihnen und schenke ihnen Frieden.«

So standen Vater und Sohn beieinander, sahen vor sich hin und waren ganz still. Der Nordwestwind frischte auf, und die Flut ließ allmählich nach.

Da trat der alte Röhrs, Martin Kochs Freund und Gefährte, aus dem Fährhaus. »Los geht's!«, rief er. »Die Ebbe tritt ein, und der Wind geht nach Süden, wir haben keine Zeit zu verlieren!«

»Das habe ich Vater auch gesagt, aber mit ihm ist heute nichts anzufangen«, entgegnete Jakob und setzte flüsternd hinzu: »Heute sind's vier Jahre, dass meine Brüder ertranken.

»Hm, hm«, machte der alte Röhrs kopfschüttelnd. Er legte seinem Gefährten die Hand auf die Schulter und sagte mit weicher Stimme: »Lass ruhen die Toten, sie schlafen in Frieden.«

»Lass ruhen!«, fiel Martin Koch mit einem tiefen Seufzer ein und drückte die Hand des Freundes.

Die Flut war vorüber. Die in der Elbe ankernden Schiffe begannen, sich zu drehen. Auf dem Ewer, dem Schiff, das Koch und Röhrs gemeinschaftlich gehörte, zog der Matrose die Signalflagge auf.

»An Bord!«, drängelte Jakob. »Es ist höchste Zeit!«

Mit diesen Worten sprang er den Berg hinab. Unten stand Mieke, die Tochter des Nachbarn und Jakobs Liebste. Sie hatte Tränen in den Augen und blickte ihn wehmütig lächelnd an.

»Du fährst schon wieder zur See«, sagte sie, »nach drei Tagen! Und in den drei Tagen habe ich dich kaum zweimal gesehen.«

»Hör auf zu weinen!«, rief Jakob und umarmte sie. »Das passt nicht zur Braut eines braven Seemanns. Küss mich, Mieke, geh nach Hause und bete, dass alles gut geht – dann sehen wir uns in acht Tagen gesund wieder.«

»Oder auch niemals! Wenn du das unglückliche Schicksal deiner Brüder hättest.«

»Wer wird an solch traurige Dinge denken? Die Sturmzeit ist vorüber, das Wetter hat sich gelegt. Kopf hoch, Mieke! Wenn diese Fahrt glückt, können wir im Winter heiraten.«

Da ertönten vom Ewer her die Rufe der Alten. Jakob entriss sich den Armen des Mädchens und eilte an Bord.

Der Anker wurde gelichtet, das große Segel aufgezogen, und rasch flog der Ewer dahin. Jakob stand auf der äußersten Spitze und sah zum Ufer zurück, wo Mieke mit einem Tuch zum Abschied winkte. Er schwenkte seinen Hut und rief ihr ein lautes »Hurra!« zu.

Sie fuhren die Elbe hinauf. Mit der wiederkehrenden Flut wurde es dunkel, und der Wind stürmte aus Nordwest. Die Lotsen gingen an einer ruhigen Stelle vor Anker. Die Nachtwachen wurden verteilt. Jakob erhielt die erste, Röhrs die zweite. Als dessen Zeit kaum zur Hälfte um war, kam Martin Koch ihm bereits entgegen: »Ich habe genug geschlafen und will schon achthaben. Leg dich ruhig hin.«

Es war kalt, und der alte Mann war einsam; die traurigen Bilder stiegen aufs Neue in ihm auf. Er seufzte tief und ging mit starken Schritten an Deck auf und ab, aber die Ruhe wollte nicht kommen.

Eine halbe Stunde war vergangen, da betrat der alte Röhrs das Deck: »Wie soll man schlafen, wenn du hier so trampelst! Was fehlt dir denn?«

Martin Koch seufzte: »Gib mir meine Kinder wieder! Ich bin verwaist und kinderlos.«

»Kinderlos? Hast du nicht einen tüchtigen Jungen, der zu deiner und aller Menschen Freude heranwächst?«

»Solange es dem Klabautermann gefällt!«

»Dem Klabautermann? Ich habe dich für zu vernünftig gehalten, als dass du an solchen Unsinn glaubst.«

»Unsinn?«, seufzte der unglückliche Vater. »Das dachte ich auch, bis ich eines Besseren belehrt wurde. Hör mir zu!«

Er zog seinen Freund zu sich auf die Ankerwinde und begann: »Wir saßen einst mit sieben bis acht jungen Männern am Strand der Insel Neuwerk und hielten neugierig nach einem Schiff Ausschau, das in der Nacht vom Sturm nach Norden geschleudert worden war. ›Alles geht gut‹, sagte der lange Klaus, ›solange der Klabautermann bei ihnen ist; wenn der aber das Schiff verlässt, ist weder an Glück noch an Segen zu denken.‹

Einige lachten, einige schwiegen. Ich wusste nicht recht, ob ich böse werden sollte oder nicht, und fragte schließlich, als ob ich keine Ahnung hätte: ›Was ist das für ein Kerl, der Klabautermann?‹

Der lange Klaus stand auf, sah mir fest in die Augen und sagte: ›Kennst du ihn wirklich nicht, so ist es gut. Kennst du ihn aber und verleugnest ihn, so steht es schlimm um dich.‹

Seine Worte beeindruckten mich sehr. Ich hatte schon vieles von diesem seltsamen Ding gehört, und es lief mir kalt den Rücken runter. Trotzdem sagte ich: ›Ich habe von dem Kerl nichts gehört.‹

›So will ich dir von ihm erzählen, weil ich nicht glauben kann, dass du ihn absichtlich verleugnest. Denn das wäre dein großes Unglück. Er würde dich sofort verlassen, und wie es dann um dich steht, würdest du dann bald erfahren. Der Klabautermann ist ein Geist, der auf jedem Schiff heimisch ist und es vor Gefahren schützt. Solange er an Bord ist, wird weder dem Schiff noch der Mannschaft irgendein Leid geschehen. Aber er ist auch leicht zu vertreiben, und dann kehrt er nicht wieder zurück. Du weißt wohl, dass ich in früheren Jahren viel mit fremden

Seeleuten unterwegs war. In England arbeitete ich einmal für einen alten Fischer. Das schöne Wetter, das uns auf die offene See gelockt hatte, verwandelte sich in einen heftigen Sturm. Gott sei Dank lagen wir hinter einem schützenden Felsen. Wir saßen um ein glimmendes Feuer und sahen auf das offene Meer, wo die Wellen ein französisches Segelschiff hoch in die Luft hoben und wieder in den tiefsten Abgrund schleuderten. Kein erfahrener Lotse schien an Bord zu sein, das Schiff war in großer Gefahr, und mehrere meiner Kollegen wollten helfen. Der alte Sym aber meinte, das sei eine unnütze Arbeit, denn er habe bemerkt, dass der Klabautermann den Franzosen verlassen habe, darum müsse dieser untergehen. In dem Moment rollten mit ungeheurer Kraft zwei Wellen, eine höher und schrecklicher als die andere, heran, eine dichte Wolke, die sich über dem Schiff zusammengezogen hatte, sank immer tiefer, Blitze zuckten, der Donner krachte. Bald darauf teilten sich die Wolken, und die Sonne warf ihre matten Strahlen auf die grollende See, die die Trümmer des französischen Schiffes begrub. Ich stand wie erstarrt und fragte Sym, wie er das Unglück habe vorhersehen können. Er aber ergriff meine Hand und sagte zu mir: ›Klabautermann ist der Name des Geistes, der das Schiff und die Matrosen beschützt. Wo er sich an Bord befindet, geht es allen gut. Er ist nicht immer sichtbar, sondern erscheint nur bei Gefahr. Der Klabautermann ist jedoch kein Gespenst, das vom Himmel kommt, um in der Stunde der Not zu helfen, sondern die Menschen können diesen Schutzgeist erschaffen. Es ist so: Wenn ein Kapitän mit seinen Leuten gut umgeht und diese wiederum ihrem Kapitän treu zur Seite stehen und wenn sie in den Ländern, in die sie fahren, viel Gutes tun, wird daraus für sie ein schützender Engel, der sie im Strudel des Lebens nicht untergehen lässt. Wenn aber der Kapitän mit seinen Leuten den Weg der Liebe verlässt und den des Zorns betritt, so wird die schützende Gestalt aus Schmerz über die Untaten immer kleiner, bis sie ganz verschwindet. Mit ihr aber ist auch der Geist des Guten gewichen, und alles ist verloren.‹ Hier hielt der lange Klaus inne«, so erzählte der alte Martin Koch seinem Freund. »Mir war dabei so angst und bange geworden, dass ich heftig zitterte. Klaus bemerkte es, warf mir einen strengen Blick zu und sagte: ›Hast du den Klabautermann, der dein Freund gewesen ist, verleugnet, so bleibt die Strafe nicht aus.‹ Dann schaute er nach dem Schiff, das noch immer in großer Gefahr schwebte.

Ich stand auf und sah die tobenden Wellen an. Gern wäre ich in ihren offenen Rachen gesprungen und hätte mich von ihnen verschlingen lassen, so war mir zumute.

Plötzlich zuckte ein Blitz am Horizont, und ein leiser Donner rollte über die Wellen nach Norden. ›Notschüsse! Notschüsse! Schnell, schnell in den Ewer!‹, schrie der lange Klaus.

Wir sprangen an Bord unseres Schiffs, das durch die schäumenden Wellen flog. Aber die Wellen waren noch schneller als wir. Sie bedeckten unser Schiff, und der Mast bog sich im Sturm. Plötzlich hörten wir ein dumpfes Krachen und schauten zum Schiff, dem wir helfen wollten. Unsere Mühe war umsonst. Das Schiff war verschwunden, ein Strudel hatte es in die Tiefe gezogen. Nur mit Mühe gelang es uns, heil an Land zu kommen.«

So endete der alte Martin Koch seine Erzählung vom Klabautermann und starrte wieder auf die schäumende Elbe. Röhrs, der aufmerksam zugehört hatte, sagte jetzt mit gutmütigem Ton: »Wie kann ein vernünftiger Mann an solche Dinge glauben?«

»Doch! Mehr als du denkst. Und: Ich habe diesen Klabautermann selbst gesehen.«

»Du?«, fragte Röhrs ungläubig.

»Ja, ich! Und weil die Stunde des Gerichts gekommen ist, sollst du mein Richter sein. Ich will dir alles beichten.«

Röhrs sah seinen alten Freund ängstlich an.

Dieser begann: »Ich bin immer ein armer Teufel gewesen und habe arbeiten müssen, um nur mein Stückchen Brot zu haben. Das machte mir aber nichts, und ich hätte ein fröhliches, sorgenfreies Leben haben können. Doch als ich die Liebe fand, brachte das eine ganz andere Seite in mir zum Vorschein.

Du hast den alten Viet, den Vater meiner verstorbenen Frau, gekannt. Er galt als der reichste Lotse – nicht nur in unserem Blankenese. Ich sah seine Tochter, die schöne Elsbeth, zuerst auf dem Altonaer Jahrmarkt, als der Vater sie von einer Verwandten abholte. Dann sah ich sie immer öfter, und bald spürte ich, dass ich ohne sie nicht mehr leben wollte. Sobald wie möglich ging ich zum alten Viet. Ich traf ihn vor seiner Haustür und grüßte ihn freundlich. Er sah mich von oben bis unten an und fragte: ›Was willst du?‹

Ich wurde bei dieser Frage ganz rot und heftet die Augen so fest auf den Boden, als ob ich im Gras vor mir etwas suchte. Ich brachte kein Wort heraus.

›Das ist einmal wieder eine stillschweigende Bettelei‹, brummte er. ›Die Mühe hättest du dir sparen können. Ich gebe ein für alle Mal nichts, außer am heiligen Weihnachtsabend.‹

Das kränkte meine Ehre, und mit rotem Gesicht sagte ich: ›Ich will keine Almosen, sondern ich suche Arbeit.‹

Da wurde er auf einmal ganz freundlich: ›Sieh an! Das trifft sich gut. Ich brauche einen zuverlässigen Mann für meinen neuen Ewer. Du kannst gleich heute anfangen.‹

Ich war einverstanden. Wir gingen ins Haus, ich unterschrieb einen Vertrag und blieb zum Essen. Das freute auch Elsbeth. Nun lebte ich abwechselnd auf seinem neuen Ewer in der Nordsee oder an Land in Viets Haus. Elsbeth wurde mir von Tag zu Tag lieber, und auch ihr ging es so.

Als sich eines Tages viele Schiffe vor der Mündung der Elbe befanden, sollte ich als Lotse an Bord eines der Schiffe gehen. Ich brachte es wohlbehalten in den Fluss und betrat, außer mir vor Freude, das Haus von Viet. Der sagte: ›Es freut mich, dass du bei uns bist. Wer weiß, was noch passiert, wenn wir weiter so beisammen sind.‹

Doch bald darauf geschah etwas anderes. Als ich einen Monat später wieder von See nach Hause kam, stürzte mir Elsbeth in tiefer Trauer und laut weinend entgegen. Ihr Vater einige Tage zuvor plötzlich gestorben und schon beerdigt.

Trotzdem heirateten meine Elsbeth und ich nach der Trauerzeit. Dass sie reich und ich eigentlich arm war, war ihr nicht wichtig. Doch ich wünschte mir immer mehr, ebenso viel Geld zu haben wie meine Frau. Ich fing einiges an, aber meine Pläne schlugen fehl. Irgendwann war es, als ob mein guter Geist von mir gewichen sei und dem Teufel des Geizes und der Habsucht Platz gemacht habe. Ich zankte oft und schrie wegen nichts. Ich war ein übelgelaunter Kerl und bereitete meiner Frau viel Kummer, obwohl sie stets alles für mich und unsere Söhne getan hatte. Und dann starb sie bei Jakobs Geburt plötzlich. Nun war sie tot. Und als ihr Vermögen unter mir und den Kindern gleich aufgeteilt war, fand ich, dass ich zu wenig hatte und nicht mehr so leben konnte, wie ich es gewohnt war. Ich wollte mich nicht einschränken, und darum lebte ich im alten Saus und Braus weiter.

Irgendwann war nicht nur mein Vermögensanteil aufgebraucht, sondern auch das Geld der Kinder. Meine Söhne machten mir Vorwürfe und verlangten, dass ich ihnen ihr Eigentum ersetzen solle. Ich schmiedete Pläne, wie ich eine Geldquelle auftun könne. Aber umsonst. Währenddessen fuhr ich zur See und nahm nur meine Söhne mit. So lagen wir auch einmal vor Cuxhaven. Meine Söhne waren schlafen gegangen, aber ich stand um Mitternacht noch auf Deck und schaute über die See. Plötzlich durchzuckte mich eine finstere Ahnung. Zugleich knickte und knackte es vorn am Ewer, als ob der ganze Bug eingedrückt würde. Schnell eilte ich dahin, aber schon auf halbem Wege blieb ich stehen, denn bei der Ankerwinde bewegte sich etwas. Es war eine kleine Figur, wie aus schwarzem Nebel geformt und kaum über einen halben Meter hoch. Sie war ganz unruhig und stand keinen Augenblick still.

›Martin Koch! Martin Koch!‹, sagte sie, aber so fein, wie ich noch nie einen menschlichen Ton gehört hatte. Ich tat zitternd ein paar Schritte.

›Martin Koch! Martin Koch!‹, rief die Figur noch einmal, und mit der größten Anspannung fragte ich: ›Wer bist du? Was willst du?‹

›Klabautermann bin ich, und ich meine es gut mit dir. Nimm dich in Acht! Das Böse hat dein Herz mit einem Tau geentert. Schneide es ab und rette deine Seele!‹

Kaum waren diese Worte verhallt, war das schwarze Wesen verschwunden. Mir standen die Haare zu Berge, und ich konnte mich nicht von der Stelle bewegen. Ich blieb voller Angst allein, bis am Morgen meine Jungen heraufkamen und sich wunderten, dass ich sie nicht geweckt hatte, um mich abzulösen. Ich war zu tief bewegt, um zu sprechen, und befahl ihnen kurz ab, den Anker zu lichten. Gegen Mittag erblickten wir ein dänisches Schiff, das sich nur mit Mühe über Wasser hielt. Als wir nahe genug heran waren, machte ich mich bereit, an Bord zu gehen, und befahl meinen Söhnen, möglichst in unserer Nähe zu bleiben. Kaum hatte ich das Deck des Dänen betreten, begrüßte mich die Mannschaft freundlich. Und der Kapitän kam mir mit solcher Herzlichkeit entgegen, dass ich mit gemessener Stimme meine Befehle erteilte. Dadurch gelang es mir, das Schiff gegen Abend an einen völlig gefahrlosen Ort zu bringen. Dies machte einen guten Eindruck auf den Kapitän, der erzählte, dass er von den Jungferninseln komme und außer Kaffee und Zucker die bedeutende Summe von hunderttausend spanischen Goldtalern an Bord habe. Die letzte Nachricht erregte mich so sehr, dass ich alle Mühe hatte, mich nicht zu verraten. Ich beratschlagte mit dem Kapitän, was zu tun wäre, wenn es so stürmisch bliebe, und sagte ihm, dass er besser alles von bedeutendem Wert bei sich haben solle, damit es im Notfall schnell gerettet werden könne. Der Kapitän war ganz meiner Meinung, sicherte die Schiffspapiere in einer Blechdose und holte drei große lederne Säcke mit dem Gold. Er schnallte sich einen um, drängte den zweiten mir auf und gab den dritten seinem Sohn. So warteten wir in größter Aufregung auf die Nacht. Der Teufel, der sich meiner vollständig bemächtigt hatte, machte mir alles leicht. Ich befahl dem Bootsmann, das Steuerruder zu verlassen und nahm es selbst in die Hand. Der Südostwind wurde heftiger, die Ebbe trieb uns immer weiter nordwärts. Statt einen sicheren Ankerplatz zu suchen, ließ ich das Schiff forttreiben und hielt die Leute durch Befehle aller Art stets in Bewegung, damit sie mich nicht beobachteten. Meine Söhne waren in unserer Nähe. Die Nacht wurde immer finsterer, sodass selbst ich nicht mehr wusste, wo ich mich befand. Mein Herz schlug gewaltig, der Angstschweiß stand mir auf der Stirn.

Plötzlich stürzte der Kapitän auf mich zu, fasste meine Hand und rief mit funkelnden Augen: ›Lotse! Hast du alles getan, was du tun musstest? Oder riskierst du das Leben von vierzehn unschuldigen Menschen?‹

›Brandung im Luv!‹, rief es in diesem Augenblick vom Bug her.

Der Sohn des Kapitäns stürzte bald darauf bleich, zitternd am ganzen Körper, auf seinen Vater zu: ›Dort ist die Brandung auch in Lee!‹

Jetzt war an keine Rettung mehr zu denken, denn wir trieben mit dem Strom machtlos vor dem Wind her. Die Verwirrung war groß, alle schrien durcheinander. Ich aber verwünschte meinen Leichtsinn und beschloss, das Schiff unter allen Umständen zu retten, aber es war zu spät. Das Schiff stieß mit solcher Gewalt auf, dass das Wasser von allen Seiten hereinstürzte. Der Kapitän verließ mit seinem Sohn und den Matrosen in dem großen Beiboot das Wrack. Ich wurde bei Tagesanbruch von meinen Söhnen gerettet, um danach ein Leben voll Angst und Reue zu führen. Als ich mit meinen Söhnen allein war, sagte ich nichts von dem, was ich getan hatte, aber ich schnallte den Geldsack ab und schüttete das Gold vor ihnen aus. Als wir bald darauf hörten, dass das Boot, worin sich der Kapitän und seine Mannschaft befunden hatten, ohne sie an Land getrieben sei, betrachteten wir das Gold als unser Eigentum und beschlossen, auch künftig niemals eine solche gute Gelegenheit vorübergehen zu lassen. Bei einem heftigen Sturm stachen wir in See und jauchzten laut auf, als wir zwei Schiffe in Not erblickten. Da glaubte ich eine leise Stimme zu hören: ›Martin Koch, ich verlasse dich!‹ Gleich darauf sah ich die schwarze Nebelgestalt wieder, wie sie über den Bug des Ewers in die See hinabglitt. Angst und Schrecken ergriffen mich; ich konnte mich kaum aufrecht halten. Trotzdem hielten wir an unserem Plan fest, und ich begab mich an Bord des einen Schiffes. Wenig später kam eine Welle auf unseren Ewer zu und riss ihn mit meinen Söhnen an Bord in die Tiefe. Ich schrie laut auf. So viel Schrecken brach mein Herz. Ich wandte mich gewaltsam ab, griff nach dem Steuerruder und fuhr nach Hause. Dort sammelte ich als Erstes das unrechtmäßig erworbene Gold zusammen, stach sofort wieder in See und versenkte es in den Fluten. Seitdem habe ich mich ferngehalten von allem Bösen, aber ich fühle, dass mein Gewissen noch immer schwer ist. Meine Stunde wird kommen, und der Herr wird mich rufen. Ich werde meine Strafe annehmen.«

So endete Martin Kochs Geschichte. Röhrs lief mit raschen Schritten auf und ab. Er war ganz unglücklich, dass sein alter Freund aus Habsucht und Gier zum Verbrecher geworden war.

Der Tag brach an, die Sonne ging hell im Osten auf. Die Mannschaft traf Vorbereitungen, in See zu stechen. Die alten Freunde sprachen nicht miteinander. Jakob war darüber erstaunt, erhielt aber von keinem der beiden eine Antwort.

Am Abend gingen sie bei Wangerooge vor Anker. Als die Nacht hereinbrach, ließ Martin Koch alle unter Deck gehen und übernahm die erste Wache.

Röhrs hatte in der Nacht einen Traum, in dem sein Freund flehend an seiner Koje stand. Er fuhr auf und blickte umher. Wie von einer bösen Ahnung getrieben, sprang er an Deck. Es war leer. Die See war ruhig, und der Vollmond schaute hell herab. Röhrs rief nach seinem Freund, aber umsonst. In der Nähe des Mastes fand er ein Notizbuch und darin stand: Lebt wohl!

Behutsam überbrachte Röhrs Jakob die Nachricht vom Tode des Vaters. Die Ursache verschwieg er. In dem Buch fand der Freund genaue Auskunft über alles, was auf eine ehrliche Art erworben war, aber auch was nicht, wie etwa ein hübsches Häuschen, das Koch von dem geraub-ten Geld erbaut hatte. Als sie die Elbe hinauf zurück nach Blankenese segelten, brach ein schweres Gewitter los. Der Donner rollte, die Blitze zischten, und ein endloser Regen stürzte herab.

Da holte Röhrs das Segel ein, Jakob warf den Anker über Bord, und das Schiff stand gegen Sturm und Strom.

An Land stieg jedoch eine schwarze Rauchwolke auf. Der Blitz hatte das Haus des alten Koch getroffen, und es brannte nieder. Röhrs wandte sich tief erschüttert ab.

Acht Tage später legte er Jakobs und Miekes Hände zur feierlichen Verlobung ineinander.

NOCH MEE(H)R MÄRCHEN

Ein modernes
Märchen über Liebe,
Sehnsucht und Freiheit
mit zauberhaften
Illustrationen von
Lea Fröhlich.

**Vom kleinen Prinzen,
dem die Aussicht fehlte**
28 Seiten, Hardcover, € 14,90 [D]
ISBN 978-3-7961-1127-3

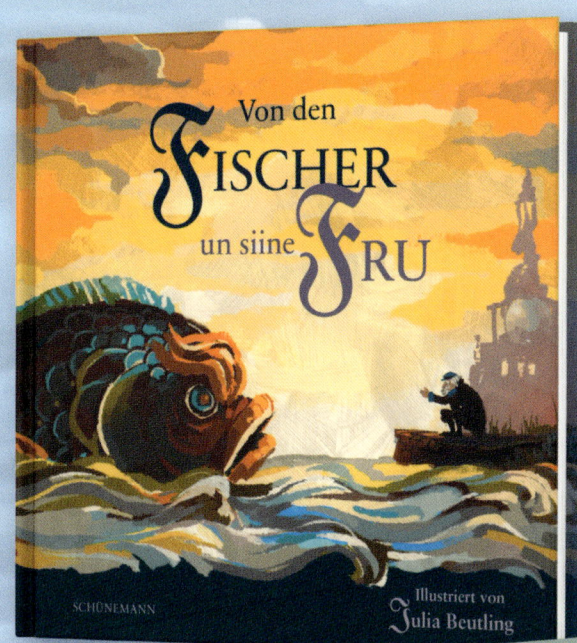

Die Geschichte vom
Fischer und seiner
Frau in plattdeutscher
Originalfassung von 1812,
farbgewaltig illustriert
von Julia Beutling.

Von den Fischer un siine Fru
56 Seiten, Hardcover, € 12,90 [D]
ISBN 978-3-944552-04-0

Die Deutsche Nationalbibliothek verzeichnet diese Publikation in der
Deutschen Nationalbibliografie; detaillierte bibliografische Daten sind im
Internet über http://dnb.dnb.de abrufbar.

Illustration: Ruben Hilgert

Redaktion: Yasmin Ehlers

Satz und Buchgestaltung: Ruben Hilgert

Printed in EU 2022 | ISBN 978-3-7961-1163-1

Besuchen Sie uns auch auf ▪ Facebook und ▪ Instagram.